오래된 미래도시

민병욱

부산대학교출판부

서문

배낭여행을 오랫동안 다니면 여행의 초점이 변하기 마련이다. 나의 초점은 불교, 이슬람교, 기독교의 종교로, 아시아, 유라시아, 유럽, 남미의 지역으로, 도시에서 시골로, 새로운 신시가지에서 낡은 구시가지로, 관광 명소에서 옛 사람의 삶터로 교차되면서 도시의 문화적 정체성과 독특성을 찾아가는 것으로 변화해 갔다. 그 과정에서 '배낭에 문화를 담다'(2012), '이슬람에게 공존을 묻다'(2013), '배낭여행'(2014), '겨울바다여행'과 '이국의 해변을 담다'(2016), '오래된 미래도시를 찾아서'(2017) 등을 신문에 연재하기도 하고, "배낭에 문화를 담다"(2015년), "이슬람에 두고 온 이야기"(2016년) 등을 책으로 묶기도 했다. 현재는 '남방 불교사찰 순례'를 신문에 연재하기 시작했다.

그 가운데 도시재생이 여행 초점의 하나가 된 것은 2007년부터이다. 그해 도시 재생에 관한 용역 연구를 하면서 그 사례로 일본 나가사키와 말레이시아 말라카를, 이후 신시가지와 구시가지가 분명히 구별되는 유럽지역, 남미지역으로 여행이 이어졌다. 10여 년간 여행의 결과로 '문화예술을 활용한 도시재생의 사례', 혹은 '근대(이전) 도시의 문화예술적 재생 사례'를 쉽게 풀어 쓰고자 신문에 연재한 것을 다시 묶어 책으로 펴낸다.

그 도시들은 몇 가지 공통점을 가지고 있다. 그 도시들은 G20(선진 7개국과 신흥공업경제지역 12국가)에 속한 곳이 아니다. 막대한 경제적 지출로 문화예술 관련 빌딩을 건축하지 않고 옛 문화를 복원한 오스트레일리아 시드니, 중앙 정부나 지방자치단체의 재정과 전혀 상관없이 문화예술가들이 이루어낸 부에노스아이레스, 한국 근대사에 연관되어 있으면서 중앙정부로부터 소외된 멕시코 유카탄 반도, 개인의 희생으로 문화예술의 자산을 일군 인도네시아 우붓은 예외로 다룬 도시이다. 또한 그 도시들은 그 역사가 근대 이전에 형성되어 발달해온 곳으로서 신시가지와 구시가지가 완전히 분리된 지역으로 남아 있는 곳이다. 특히 구시가지에는 그 도시만의 독특한 정체성과 문화예술의 역사가 남아 있다. 그 정체성과 역사가 관광 명소로 되었든 아니든, 그것들을 이어주는 스토리텔링은 여행자의 몫으로 남아 있다. 다만 근대 이후에 형성된 뉴질랜드의 도시들 가운데 천재지변으로 인하여 파괴된 도시를 문화예술을 통하여 재건한 곳은 예외로 다룬 도시들이다.

스스로 만든 이러한 기준으로 신문 연재를 하는 과정에 몇몇 독자들이 왜 동남아시아를 다루지 않는지 질문을 던지기도 했다. 도시의 형성에 관한 학술적 설명을 일단 젖혀 놓고 동남아시아 도시들, 신흥공업경제지역 국가에 속하는 인도네시아 우붓, 말레이시아 페낭, 미얀마 응아빨리, 베트남 후에 탄토안 마을, 태국 난을 다루기로 했다. 그 공통점은 시민이나 문화예술가의 개인적 열정과 노력에 의해서 일구어진 문화예술자산이 미술관이나 박물관으로, 특정 예술운동으로 지역이나 도시, 국가를 대표하고 있다는 것이다.

문화예술로 재생한 오래된 미래도시를 다닐 때마다 길잡이나 동행이 되기도 한 나그네 여행자들이 있어 여행은 언제나 시작도 없고 끝도 없는 길에서 쉬지 않고 이어진다. 결코 잊히어 지지 않지만 다시 만나질지 모르는 여행자들에게 감사의 마음을 전한다.

차 례

거리 · 골목 · 계단

리우 데 자네이루 셀라론 계단, 미래로 가는 골목

브라질 리우 데 자네이루(Rio de Janeiro, 약칭 리우)를 설명하는 표현에는 반드시 '세계'가 들어가야 한다.

세계 최대 삼바 축제.

세계 3대 미항의 하나.

세계 신 7대 불가사의와 세계의 70가지 경이로운 건축물- 코르코바언덕 위에 있는 그리스도 상.

세계에서 가장 긴 다리 리우-니테로이 다리(Rio-Niterói Bridge)의 도시.

쇼(Show), 삼바(Samba), 보사노바(Bossa nova) 음악이 시작된 도시.

그리고 세계적인 명성을 가진 소설가 파울로 코엘료(Paulo Coelho)의 고향. 그 이름을 널리 알린 〈연금술사〉에서 그는 말한다.

> 책을 좋아하는 양치기 산티아고는 며칠 계속 반복되는 꿈을 꾼다. 양과 함께 놀던 아이가 자신의 손을 잡아끌더니 이집트 피라미드로 데려가는 꿈. 그러던 어느 날 책을 읽고 있는 그에게 홀연히 한 노인이 나타나 가지고 있던 양의 십분의 일을 자신에게 주면 피라미드에 묻혀 있는 보물을 찾는 길을 가르쳐주겠다고 제안한다. 그때 행운의 표지인 나비 한 마리가 팔랑거리며 두 사람 사이로 날아 들어왔고, 산티에고는 운명처럼 노

인에게 값을 치르고는 금으로 된 흉패 한가운데 박혀 있던 흰색과 검은색 보석 '우림과 툼밈'을 받아든다. 그리고는 자아의 신화를 찾기 위한 정처 없는 여행길에 몸을 싣는다.(최정수 역)

브라질계 칠레 화가 호르헤 셀라론(Jorge Selaron, 1947~2013년 1월 10일)도 칠레에서 태어나서 세계 50여국을 떠돌다가 1983년 리우의 빈민촌에 정착하여 죽을 때까지 자아의 신화를 찾았는지 모른다.

1990년 그는 가난으로 전화도 끊어지고 집세도 내지 못하여 수차례 쫓겨날 처지에서 갑자기 계단을 수리하고자 한다.

화가이기 때문에 순간적인 충동으로 그는 집을 바꾸지 못하고 집 앞 계단을 바꾸었는지도 모른다. 마치 '革命은 안되고 나는 방만 바꾸어버렸다.'는 어느 시인의 시 구절처럼.

산타 테레사에서 본 셀라론 계단

그가 계단을 브라질 국기의 세 가지 색깔–녹색, 노란색, 파란색 타일의 조각들로 덮기 시작하자 이웃들은 그 색깔의 선택을 조롱한다.

그 계단은 전체 사각형 바탕의 녹색, 그 안 마름모꼴 속의 노란색, 그 원형 속의 파란색의 타일 조각들로 덮여진다.

그는 농업자원(녹색)과 광물자원(노란색)을 통하여 원형 안의 흰색 띠로 둘러싸인 표어처럼 '질서와 진보'를 이루는 하늘(파란색) 아래 살고 싶었을까?

이웃 사람들은 결코 그렇게는 되지 못한다고 비웃었을까?

그는 열정으로 계단에 타일 조각으로 덮는 일을 계속하지만 곧 심한 강박관념을 느끼기 시작한다.

그는 이웃들과 여행자들로부터 세라믹 조각이나 깨어진 거울 조각이나 돈으로 기부도 받고 자신의 작품을 팔아서 일을 계속한다. 그 작품은 임신한 아프리카 여성의 초상화이다.

산타 테레사에서 들어가는 셀라론 계단의 입구 벽면에 장식된 것으로 사각형 속의 그림은 임신한 아프리카 여인의 초상을, 원형 속의 그림은 그와 그녀를 표현한 것으로 보인다

계단의 전체 그림이나 무늬, 도안들도 조각난 파편들과 깨어진 유리 조각들로 뒤섞여진다.

부조화의 조화라고 표현할 만큼 계단은 완성되어간다. 그 완성은 '나의 과거에 있었던 사적인 문제'라고 언급을 회피한 여성의 초상화를, 그녀에 대한 그의 사랑으로 이루어질 것이다.

2013년 215개 계단은 빈민가의 낡고 허물어진 계단에서 2,000여 개의 타일 조각들로 덮인 리우의 빈민지역을 새롭게 창조한 계단이 된 것이다.

계단이 완성될 무렵, 그는 몸에 화상자국을 남기고 그 계단에서 죽은 채 발견된다.

화가로서 대작이나 명작을 완성하지는 못했지만 그는 빈민의 이웃으로서 영혼을 부르는 예술의 소리를 귀담아 듣고는 리우의 문화를 재창조한 것이다.

그는 영혼의 숨결로 쓰레기 조각들에 생명을 불어넣고는 푸른 하늘로 날아갔다. 그리고 인간으로서 그는 사랑하는 여인의 초상을 새 생명이 부활하는 계단에 남긴 채 떠난 것이다.

그가 예술혼이 묻어나는 셀라론 계단을 떠나자 새로운 창조자들이 찾아온다.

세계적인 음악그룹이나 영화제작자들이 그 계단으로 몰려왔고 앞으로도 그럴 것이다. 계단은 2016년 리우 올림픽 유치 영상의 제목처럼 '우리를 묶는 열정'으로 남아 있을 것이다.

셀라론 계단에서 행해지는 예술 작업들

계단은 빈민가 산타 테레사에서 라파로 이어진다. 계단 양 벽에도 타일로 만든 그림들과 그라피티들이 가득 차 있다.

그 가운데는 세계적인 명화들-레오나르도 다빈치(Leonardo da Vinci)의 〈모나리자 Mona Lisa〉, 요하네스 페르메이르(Johannes Vermeer)의 〈진주 귀걸이를 한 소녀 Girl with a Pearl Earring〉 등을 패러디 한 타일 그림들도 있다. 빈민 지역의 무너진 집들이나 벽들에 그려진 그라피티들도 있다.

언제나 열려 있는 계단에서 사람들은 모여 잡담을 나누거나 자기의 본 모습을 벗어던지고 늘 하고 싶었지만 하지 못한 모습으로 변신을 하거나 행위예술을 행하기도 한다.

계단은 지역을 탈바꿈시켜서 새로운 예술을 창조하는 문화지역으로, 사람들의 담소 공간이면서 자유를 성취해 주는 공간으로 거듭나고 있다.

한 예술가의 열정과 이웃들의 합심으로 도시문화는 재창조될 것이다.

우리에게도 예술가와 이웃 시민들이 함께 창조할 공간은 없을까?

그 공간은 때로는 계단, 골목, 쌈지공원일 수도 있고 마을 뒷산이나 동네 구석에 밀려있는 자투리 땅일 수도 있다.

그런 곳이 시립이나 공공의 예술관들이나 문화회관이나 공연장들보다도 문화적 독특성을 거듭나게 한다.

거기에다 스토리텔링을 덧붙이면 어떨까?

셀라론 계단의 끝에서 라파로 들어가는 입구에 있는 그라피티

말라가 구시가지,
예술과 빛의 문양으로 거듭나는 거리

50대에 들어서면 우리는 가끔이라도 '죽기 전에'라는 시리즈의 책을 읽곤 한다. 《죽기 전에 꼭 들어야 할 팝송 1001》(로버트 다이머리 편집, 이문희 역, 마로니에북스, 2013)에서 '창백함의 보다 하얀 색조'(A White Shade Of Pale)라고 번역하기에는 너무 어색한 노래는 전혀 어색하지 않게 다가왔다.

우린 가볍게 판당고를 추었고
홀을 가로질러 오가며 재주넘을 때
멀미 같은 게 느껴졌어
허나 사람들은 더 춤추라고 큰 소리를 질렀고
방안이 웅성거리자
천장이 날아갈 것 같았지.
우린 한 잔의 술을 더 청했고
웨이터는 쟁반에 술 한 잔을 가져왔었지…

- 록 밴드 프로콜 하럼(Procol Harum)의 노래 중에서

마치 재주넘기를 하듯 춤을 추는 판당고(Fandango)는 어디의 춤일까? 판당고는 발끝과 뒤꿈치로 탁탁 소리를 내면서 발놀림으로 리듬을 맞추는 남

자와 박수를 치면서 양손과 몸으로 율동을 하는 여성이 한 쌍이 되어 춤을 추는 플라멩코(flamenco)의 일종이다.

플라멩코가 스페인 춤이라면 판당고는 안달루시아 지역 춤이다.

안달루시아(Andalusia)의 중심 도시는 말라가(Málaga)이다.

말라게냐(Malagena)는 말라가 사람을 뜻하기도 하고 말라가의 판당고를 뜻하기도 한다.

말라가는 코스타 델 솔(Costa del Sol, 태양의 해안)의 중심 도시로서 지중해 해안 휴양지로서 널리 알려져 있다.

말라가는 기원 전 13세기에 건설되어 외국의 식민지를 거쳐서 현재에 이른 문화유적의 도시이기도 하다.

말라가는 유대계 시인이자 철학자 이븐 가비롤(Solomon Ibn Gabirol, 1020년대~1050년대, 생몰연도 불확실), 화가 파블로 피카소(1981년 10월 25일~1973년 4월 8일), 영화감독 겸 배우 안토니오 반데라스(José Antonio Domínguez Bandera, 1960년 8월 10일~)의 고향이기도 한 만큼 문화예술의 도시이기도 하다.

말라가에게 문화예술의 도시라는 이름을 붙여줄 수 있는 것은 파블로 피카소도 안토니오 반데라스도 아니라 거리예술가들이다.

구시가 중심 마리나 광장(Plaza de la Maria)에서 콘스티투시온 광장(Praza da Constitución)에 이르기까지, 마르케스 데 라리오스 거리(Calle Marques de Larios)에서 활동을 하고 있는 거리예술가들이다. 거리예술가들은 가비롤 같은 시인도, 피카소 같은 화가도, 반데라스 같은 감독이나 배우도 아니다.

그들은 시민들에게 문화의 혜택을 나누고 전하고자 하는 전문가이거나, 취미생활을 하는 시민이거나 거리동냥을 하는 무명들이다.

마르케스 데 라리오스 거리에서 첼로를 연주하는 거리 예술가

공적이나 사적인 예술단에서 활동을 하는 전문 예술가들, 예술취미를 가진 시민들은 골목에서 거리에서 연주나 전시 등을 하곤 한다.

무엇보다도 무명의 예술가들은 그 목적이 무엇이든 시민들에게 즐거움을 선물한다.

아름다운 음률의 선물은 악기를 연주하면서 노래 혹은 합창으로 귀를 즐겁게 하거나 인형극 공연으로 눈요기도 시켜주고 이야기에 귀를 기울이게 한다.

모델로 분장을 한 선물은 자신을 옛 고적에 나오는 조각상이나 유명인 등으로 치장하거나 둥그렇게 눈동자를 뜨게 하고 미소를 짓게 만든다.

신문으로 모자를 쓰고 전신을 감싸서 앉아 있는 예술가는 기발한 상상으로 행인들을 놀라게 하고 흘러간 뉴스를 훑어보게 하고는 웃음을 자아내게 만든다.

흰색으로 채색한 전 가족들, 자전거를 잡고 서 있는 아들, 그 옆에 그네를 타고 있는 모녀는 시선을 빼앗고 주머니를 열게 만든다.

전문가, 무명, 시민들의 예술을 더욱더 예술답게 만드는 것은 그 거리의 조명이다.

그 불은 강렬한 단색들과 섬세한 곡선 및 굵은 직선을 엮으면서 화려하고 정교한 문양으로 건물과 건물 사이에 터널을 이루고 있다. 길 전체를 마치 터널로 감싸고 있는 문양들과 달리 골목들마다 그 특성을 표현한 네온사인 간판이 건물 사이에 매달려 있다.

때로는 큰 건물들이나 공공시설들은 자기의 정체를 밝히려는 듯 출입구에 특이한 문양의 조명탑을 세우거나 걸치고 있다.

낮은 거리예술의 시간이라면 밤은 거리예술가의 예술과 빛(조명)의 빛깔이 만나는 시간이다.

거리 건물과 건물 사이의 터널 조명과 건물을 가리키는 조명 문양

그 만남은 도시를 휴양지나 문화유적지로 한정시키지 않는다.

휴양지, 문화유적지, 명소만 있다면 그 도시는 과거의 문화도시, 현재의 쉼터가 된다.

예술을 국공립 기관이나 전문 기관의 활동이라고 한다면 많은 시민들은 경비를 댈 뿐 그 즐거움을 누리지 못한다.

거리예술은 구걸도 동냥도 아니고 물론 눈요기 감은 더욱더 아니다.

예술은 사람들을 때로는 즐겁게 하여 온유하게 하고 때로는 화를 내게 하여 성난 행동으로 돌격하게 한다.

사람이 예술을 만들고 그 예술이 다시 도시를 만든다.

예전에는 말라가 사람들이 말라게냐를 만들었고 말라게냐가 다시 문화도시 말라가를 만들었다.

'인디안 상점'이라는 가게 이름과 전혀 어울리지 않는 출입구 벽화

지금은 거리예술가들이 말라가의 도시문화를 다시 만들고 있다.

우리가 살고 있는 곳에서 거리예술과 빛이 만나는 지역은 어디인가?

거리예술가가 활동하고 있는 곳이 있는가, 색색깔로 만든 빛의 문양들이 거리를 이루는 곳이 있는가?

우리도 빛 축제가 없는 것은 아니라고 한다면 그 축제가 특정 종교축제가 아닌지 되묻고 싶다. 그곳에서 거리예술가들이 할 수 있는 것은 무엇인지도 묻고 싶다.

우리도 거리예술가들로 다시 도시문화가 거듭나면 좋겠다.

모스크바 아르바트 거리, 통곡의 벽으로 가는 길 위의 예술가들

'네 이름도 블랙리스트에 들어 있느냐'라는 물음이 문화예술가들의 첫 인사가 된지 반년이 지나간다.

그 반년 동안 블랙리스트에 갇혀서 숨죽여 지내지도 않았고 오히려 밤마다 아스팔트 거리에서 예술가들은 축제를 열었다.

그 축제 판에서는 러시아 저항시인 오쿠자바(Bulat Shalvovich Okudzhava, 1924년 5월 9일~1977년 6월 12일)의 노래 시(Bards)가 늘 울려 퍼지는 것 같았다.

너의 낯선 이름과 너의 아스팔트는
강물처럼 흐르고 강물처럼 투명하다.
아, 아르바트 거리, 나의 아르바트 거리여,
너는 나의 부름이요,
너는 나의 기쁨이요, 나의 불행이다.
(…)
4만 개의 다른 포장도로를 사랑할지라도
너의 사랑으로부터 벗어날 수가 없구나.
아, 아르바트 거리, 나의 아르바트 거리여,
너는 나의 조국
끝까지 너를 지키리라

- '아르바트 거리의 노래'(조주관 역) 중에서

그 아르바트 거리는 어디에 있는가?

그 거리에 가면 노래 시의 제목처럼 '아르바트 거리의 아이들'도 만나고 '아르바트 거리의 로맨스'도 이룰 수 있을까?

비극으로 끝이 나야만 더욱더 아름다운 사연이 될 수 있는 거리의 로맨스를 꿈꾸자.

그것도 세계 여행 안내 사이트로 널리 알려진 론리 플래닛(Lonely Planet)이 '2017년 최고의 여행지 베스트 10-도시 편'에서 선정한 모스크바(Moscow)에 있는 아르바트 거리(Arbat street)로 가자.

모스크바 아르바이트 거리

스몰렌스카야(Smolenskaya) 역과 아르바트스카야(Arbatskaya) 역 사이에 있는 그 거리에는 위대한 예술가들이 살았던 흔적들이 박물관의 이름으로 그대로 남아 있다.

출입구에서 멀지 않은 곳에 자기 이름을 딴 박물관 앞에서 푸시킨(Aleksandr Pushkin, 1799년 6월 6일~1837년 2월 10일) 부부가 나란히 서 있다.

자기 이름을 딴 박물관 앞에서 서 있는 푸시킨 부부의 동상

그는 예술가들에게

너의 자유로운 혼이 가고 싶은 대로
너의 자유로운 길을 가라.
너의 소중한 생각의 열매들을 실현하라.
그리고 너의 고귀한 행동에 대한 아무런
보상도 요구하지 말라.
- 시 '시인에게'(박형규 번역)

라고 말을 건넨다.

이웃 아파트 창가에 턱을 괴고 있던 벨르이(Andrei Bely, 본명-보리스 니콜라예비치 부가예프, 1880년 10월 26일~1934년 1월 8일)도 '깊은 생각'(시의 제목)에 잠겨 있다가 덧붙인다.

태초부터 우리는 혼자였다.
우리는 주위로 부터 외면당한 채
우리는 하나뿐인
우리는 멀리 있는
친구, 멀고 먼 그리고 고독
너의 길
우리는 결코 서로에게 돌아오지 않으리.'

라는 말을.

태초부터 혼자이기에 자유로운 영혼의 길을 갈 수 있다고 예술가들은 깨달았을까?

이웃에 살았던 작곡가 스크랴빈(Alexander Nikolayevich Scriabin, 1872년 1월 6일~1915년 4월 27일) 박물관에서 그의 교향곡 제4번 다장조 '법열의 시'를 들으면 깨달을 수 있을까?

박물관의 1층에서 여전히 열리고 있는 음악회에 참석하여 연주를 듣고는 2층으로 올라가서 그의 삶을 되짚어보면 왠지 깨우침이 올 것도 같다.

그 깨우침을 얻지 못하더라도 거리를 따라서 자유롭게 걸어가자.

골목길에서 시인 레르몬토프 박물관이 기다리고 있다.

레르몬토프(Mikhail Yuryevich Lermontov, 1814년 10월 15일~1841년 7월 27일)는 귀족과 결투를 하게하고 죽도록 만들었던 부인과 푸시킨이 왜 손을 잡고 동상으로 서 있는지를 물어본다.

친구와의 사소한 결투로 죽은 시인은 자신의 시 '시인의 죽음'을 읽어보았는지, 푸시킨이 황제를 옹호하는 귀족의 전제주의에 살해되었음을 알고 있는지 되물어본다.

그래서 그런지 박물관 골목길 벽에는 소련 공산당에 저항했던 지식인들이 서명한 흔적들, 영어로 된 욕설과 낙서들이 가득 차 있다.

이웃에는 타락한 현실의 추악한 모습을 사실적으로 그렸던 고골(Nikolai Vasilievich Gogol, 1809년 3월 20일~1852년 2월 21일)이 자살로 생을 마감한 방 두 칸짜리의 박물관, 공산주의자들이 대중을 죽음으로 이끌어 가고 있다는 저항시를 쓰기도 하면서 자살한 츠베타예바(Marina Tsvetaeva, 1892년 10월 8일~1941년 8월 31일) 박물관도 있다.

저항시인 오쿠자바 동상

위대한 예술가들의 박물관을 둘러보고 나면 오쿠자바가 꾸부정하게 서서 포켓에 손을 넣은 채 기다리고 있다.

동상 앞은 젊은 남녀들이 기타를 치고 노래를 하거나 거리 예술가들의 공연으로 가득 찬다.

거리예술가의 공연을 보면서 걷다보면 샛길로 난 골목의 벽화 앞에서 자연히 발걸음이 멈춰진다.

그 벽화는 흔히들 통곡의 벽으로 부르는 추모의 벽이다.

벽화는 소련 공산주의의 압제에 대한 저항과 자유를 노래한 빅토르 최(1962년 6월 21일~1990년 8월 15일)를 그린 것이다.

그는 벽화 속에서 젊은이들의 열광을 받으면서 아직도 노래를 부르고 있다.

변화를! 우리의 가슴은 요구한다.
변화를! 우리의 눈동자는 요구한다.
우리의 웃음과 눈물에
우리의 고동치는 핏줄에
변화를!
우리는 변화를 원한다.

- 노래 '변화' 중에서 〈출처_우랄 잉여공장〉

변화는 가슴에서부터 시작된다.

작금도 문화예술계의 블랙리스트에 침묵하거나 사적 이익을 위하여 활용한 문화예술 관련 단체들, 늘 화이트리스트에 빠지지 않는 문화부역자들부터 과거의 잘못을 통절히 반성하고 변화하자.

아르바트 거리에 있는 빅토르 최를 추모하는 통곡의 벽 벽화

부쿠레슈티 구시가지, 문화로 거듭나다

1926년 가수 윤심덕(1897년 7월 25일~1926년 8월 4일)은 '사의 찬미'에서

> 광막한 황야에 달리는 인생아
> 너의 가는 곳 그 어데냐
> 쓸쓸한 세상 험악한 고해에
> 너는 무엇을 찾으러 가느냐

라고 노래한다.

루마니아 작곡가 이오시프 이바노비치(Iosif Ivanovici, 1945년~1902년 9월 28일)의 '다뉴브(도나우) 강의 잔물결(Donauwellen Walzer, 1880년)을 번안하여 덧붙인 노래는 이루어질 수 없는 사랑의 덧없음을 통곡한다.

80여년의 세월이 흐르고, 루마니아에 다다랐을 때 사랑은 덧없음이 아니라 그리움으로 기다리고 있다.

루마니아의 연인은 북한 남편과의 이루어질 수 없는 사랑을 그리움으로 노래한다.

여기 두 사람의 헤어지면서 남겨 둔 사랑이 있다. 그 사랑은 빛처럼 지구를 돈다. 전파처럼 휘돌면서 두 사람을 이어준다. 당신과, 나 만나지 못하는 두 마음이 꿈으로 이어졌다. 빛의 길, 꿈의 길에서 우리는 만났다. 그 신비로운 길 위에서 당신의 안부를 전해 들었다. 우리에게 꿈길 밖에 길이 없으니…

- 권현숙의 소설 《루마니아의 연인》에서

길은 이루어질 수 없는 사랑의 내력을 묻어 두고 끝없는 이야기들을 만들어낸다. 그 이야기들에 따라 공주, 무법자, 사냥꾼, 양치기, 어부, 환락 등의 도시라고 불리는 루마니아 부쿠레슈티(Bucharest)의 길은 연인의 사랑이 아니라 문화로 거듭난다.

부쿠레슈티는 '자유걷기 통합유럽(United Europe Free Tours)'이라는 순수 민간단체에 소속된 다른 회원 도시들, 베를린, 소피아, 바르셀로나, 마드리드, 런던, 키예프, 프라하, 체스키크룸로프, 리스본, 부다페스트보다도 걷기로 거듭되는 문화를 간직하고 있다.

회원 도시들은 '지역적 관점'에서 속임수로부터의 자유, 압박으로부터의 자유를 내세우고 자유걷기 투어(free walking tour)를 행한다.

그 투어는 자원봉사자를 안내자로 하여 지역마다 매일 똑같은 시간과 장소에서 무료 걷기를 한다는 것 밖에 어떤 공통점도 없다.

부쿠레슈티에는 물론 자유걷기 투어만 있는 것은 아니다. 민간단체에서는 너무나 착한 가격으로 하는 대안문화(Alternative Tour)와 공산당을 주제로 한 걷기(Communism Tour), 여행사에서는 구시가지, 길거리 음식, 미술관과 박물관(약 40여개), 공공도서관(약 700개), 대학(14개), 교외 민속촌 등을

자유걷기 투어의 한 장면

주제로 한 유료 걷기 투어가 있다.

민간단체의 자유 걷기는 구시가지를 중심으로 이어진다. 자유 투어는 시계탑과 분수대가 있는 우니리(통일) 광장에서 시작하여 구시가지로 들어간다.

구시가지에는 눈길을 끄는 것은 마누크 여관 (Hanul lui Manuc)이다. 그 여관은 아르메니아 상인 엠마누엘 메르자얀(Emanuel Mârzayan, 1769년~1817년)이 1808년 건립하여 여전히 호텔로 사용하고 있는 건물이다.

이어서 발길은 드라큘라(Dracul)라는 당시의 별칭보다는 체페슈(Tapes, 꼬챙이)로 널리 알려진 가진 블라드 3세(Vlad III, 1431년~1476년)의 흉상과 그라피티들이 어울리지 않게 있는 골목길에 폐허가 된 옛 왕궁터를 지나간다.

옛 왕궁을 지나면 비잔틴 양식으로 지어진 대주교 교회(1654년~1658년), 루마니아 정교회 소속 크레추레스쿠 교회(1720년~1722년), 스타브로폴레오스 교회(1724년), 스피리돈 교회(1747년) 등이 기다리고 있다.

구시가지의 18세기 유적은 과거로 되돌아가는 곳이지만 중심대로는 과거에

구왕궁터 골목길에 있는 드라큘라로 널리 알려진 블라드 3세의 흉상

서 미래로 나아가는 곳이다. 1989년 12월 공산 독재를 옹호하는 관제 시위가 일어나자 부근 골목길과 대학광장에서 뛰쳐나온 시민들과 학생들은 독재의 종말과 민주화를 요구하는 시위로 중심 도로는 격렬한 싸움장으로 불붙는다.

독재 권력에 빌붙어 일상 시민들을 억압했던 메시지를 표현한 그라피티

그 싸움은 공산당 보안군과 시민혁명군

간의 시가전으로 번지지만, 일주일도 채 되기도 종전되고 민주화 혁명의 길을 걷기 시작한다.

중심도로는 새로운 미래를 기다리는 혁명광장이 되고 대학광장과 골목길은 미래로 가는 문화의 생산지가 된다.

대안 (문화) 투어는 대학광장 옆 통일제국의 건국영웅 미하이 비테아즈(Mihai Viteazul, 1558년~1601년)의 기마상에서 출발한다.

만삭의 몸으로 안내를 하는 자원봉사자 카르멘 키우라우(Carmen Ciuraru)는 '도시를 더 많이 이해하고 사랑하고 느끼기를 바란다.'라는 말문으로 참가자들을 맞이한다.

그녀의 첫 걸음은 국립극장 앞에 세워진 민중 가수 크리스티안 파투르카(Cristian Paturca, 1964년 9월 10일~2011년 1월 18일))의 기념비와 한 젊은이

1989년 민주화 혁명에 앞장을 선 민중 가수 크리스티안 파투르카의 기념비

의 무덤에 머무른다.

그녀는 작은 골목길에서 골목길로 이어져 광장으로 달려와서 민주화의 생명을 시작한 평범한 사람들의 위대한 함성을 묵념 올리듯 나지막한 소리로 더욱더 낮추어 말한다.

그녀는 그 생명이 처음 잉태되었던 골목길로 더 좁은 골목길로 발걸음을 옮긴다.

그 발걸음이 머문 곳에는 평범한 시민들의 살아 있었던 숨결이 숨어 있다.

몸 하나 누울 곳을 뺏기지 않으려고 공산당 및 이에 빌붙은 세속 권력자들과 싸웠던 사람들이 그림으로 하소연으로 한 벽화들이 자리하고 있다.

혁명의 시작으로 민주화의 숨을 쉴 때, 예술가집단 오픈 아트는 도시문화를 낙서에서 그라피티로 그라피티 축제로 재생시킨다.

그 재생은 구시가지까지 나아간다.

전문집단 오프 아트에 의해 열린 그라피티 축제

물론 우리나라 도시들에도 구시가지와 중심대로도 있다.

개발이라는 이름으로 그 역사의 문화를 아직도 뭉개고 있는데 있으면 무얼 하냐?

우리는 아직도 부마항쟁과 같은 민주화의 함성이 시작된 거리를 부끄러워하거나 숨기고 그 항쟁을 일으킨 대학교는 기념관이라는 이름으로 껍데기뿐인 허울을 치장하고 있다.

우리는 민주화를 외치면서 뛰쳐나온 시민들의 골목길, 군인들에게 숨어 달아나다가 다시 거리로 뛰쳐나오게 한 골목길을 잊어가고 있다.

구시가지 한 부호의 저택을 시민 도서관으로 재생시킨 곳

아바나 오비스뽀 거리, 밤의 열기 속에서 다시 찾는 거리

혁명 광장의 우편 화폐 박물관 벽에 네온사인으로 만들어진 체 게바라의 얼굴

남미로 여행을 가기 전, 쿠바는 꼭 꼬집어 설명할 수는 없지만 가보고 싶고 머무르고 싶은 곳으로 다가 왔다.

그 느낌은 다듬지 않아 헝클어진 길고 검은 머리칼과 짙은 턱수염에 별 하나를 단 베레모를 쓴 채 뭔가를 응시하는 듯한 혁명가 체 게바라(Che Guevara, 1928년 6월 14일~1967년 10월 09일)로부터 나온 것인지도 모른다.

아바나 국제공항에 밤늦게 도착하여 구시가지에 여장을 풀면 오비스뽀

헤밍웨이의 단골 주점 플로리디타에 있는 그의 조각상과
그 옆에 놓여 있는 카스트로와 함께 찍은 사진

거리(Calle Obispo)는 여행자들을 숙소에 머무르게 하지 않는다.

거리의 입구는 '다이키리의 요람(La Cuna del Daiquiri'), 세계에서 가장 유명한 바, 헤밍웨이가 가장 좋아한 곳'이라는 벽면과 함께 플로리디타(El Floridita)라는 간판이 네온사인으로 빛난다.

화이트 럼에 레몬 주스와 설탕을 곁들인 칵테일을 처음으로 제조한 곳.

헤밍웨이의 단골 주점 그리고 카스트로와 함께 찍은 사진 곁에 몸을 기대어 선 그의 청동 조각상이 있는 곳.

카스트로와 함께 사진을 찍으면서 스페인 내전(1934년~1936년)에 참가하여 파시즘과 공산주의에 맞서서 민주주의와 자유를 옹호한 그가 공산주의 혁명의 지도자에게 건넨 말은 무엇일까?

쿠바 현지인과 외지 관광객들로 붐비는 사이를 겨우 뚫고 따라 간 거리는 아르마스 광장(Plaza de Armas)으로 이어진다.

스페인과 독립 전쟁을 일으킨 영웅 세스페데스(Parque Cespedes, 1817년~1873년)의 동상을 중심으로 광장에 모인 사람들은 악기 연주와 노래, 춤으로 밤의 열기 속으로 빠져든다.

광장에서 흘러넘치는 밤의 열기는 가까운 곳에 있는 카페와 바의 좁은 공간으로 슬며시 스며들어간다.

광장에서 불과 3, 4분 거리에 라 보데기타 델 메디오(La Bodeguita del Medio)가 있다.

라 보데기타 델 메디오에 모히또를 마시려고 기다리는 사람들

라 보데키타에서 처음으로 만들었다던 모히또(mojito, 레몬즙에 설탕과 민트 잎을 넣고 으깬 후 잘게 부순 얼음과 럼을 넣은 칵테일)를 한 잔 마시면서 '쿠바 여행자의 삶은 라 보데기타의 모히또와 엘 플로리디타의 다이키리에 존재한다.'라고 말한 헤밍웨이의 흉내를 내어 볼까?

헤밍웨이와 같이 이곳을 스쳐 지나간 노벨문학상 수상자들- 미스트랄(Gabriela Mistral, 1889년 4월 7일~1957년 1월 10일), 네루다(Pablo Neruda, 1904년 7월 12일~1973년 9월 23일), 마르게스(Gabriel Garcia Marquez, 1927년 3월 6일~2014년 4월 17일), 가수들- 냇 킹 콜(Nat King Cole, 1919년 3월 17일~1965년 2월 15일), 라라(Agustín Lara, 1897년 10월 30일~1970년 11월 6일) 등의 흉내를 내듯, 모히또를

마시면 예술적 영감이 아니더라도 여행에 대한 어떤 깨달음을 얻게 될까?

아니면 영화 '내부자들'(2015년)에서처럼 '모히또에 가서 몰디브나 한 잔하자'라고 하면서 '정의? 대한민국에 그런 달달한 것이 아직 남아 있긴 한가?' 하고 빗대어 볼까?

모히또로 밤의 열기가 쉽게 사라지지 않을 것 같으면, '부에나비스타 소셜 클럽 (Buena Vista Social Club)'의 음악에 흠뻑 젖어도 탓하지 않을 것이다.

부에나비스타 소셜 클럽의 음악 공연 장면

두 줄씩 3현으로 이루어진 기타 트레스(tres)를 비롯한 다양한 타악기들이 화음을 이루어서 뿜어내는 강렬한 리듬과 유연하고 탄력 있는 몸짓으로 추는 춤과 가슴 깊이 우러나오는 노래의 선율에 몸을 맡기면 어느새 날이 밝아온다.

해가 뜨기 전,
당신을 향한 내 사랑은
거부할 수 없어
(…)
귀찮은 일은 전부 제쳐두고
이젠 앉아 쉬고 싶어
내가 봐둔 나무둥치에
끝이 보이지 않는 저 길에… - '찬찬(Chan Chan)' 중에서

광장에서 쉬고 싶다고 옆 자리에 앉은 여인에게 말해볼까?

날이 새면 여러 갈래의 골목길과 작은 공원으로 연결된 아르마스 광장을 중심으로 비에하 광장(Plaza Vieja), 성 프란시스코 광장(Plaza de San Francisco), 대성당 광장(Plaza de Catedral)으로 사람들이 하나 둘 씩 모여든다.

'늙은 방랑자' 동상

작품 '대화'

거리예술가들 아니 거리 음악가들은 혁명광장을 제외한 구시가지에 넘쳐난다.

혁명광장(Plaza de la Revolucion)에는 독립운동가 호세마르티(José Julián Martí Pérez, 1853년 1월 28일~1895년 5월 19일), 카스트로(Fidel Alejandro Castro Ruz, 1926년 8월 13일~2016년 11월 25일)와 함께 한 시엔푸에고스(Camilo Cienfuegos, 1932년 2월 6일~1959년 10월 28일)와 체 게바라(Che Guevara)만 있을 뿐, 거리예술가들은 없다.

구시가 거리에는 설치 미술가와 화가, 행위 예술가와 퍼포먼스 등은 거의 없고 거리 음악가들의 연주로 화음을 이룬다.

그 사이 간혹 도시 북서쪽에 위치한 존 레논 공원에는 레논 동상(2000년 12월 8일 제작), 성 프란시스코 광장에서 오비스뽀 거리로 가는 길에는 '늙은 방랑자' 동상, 그 광장에서 여객터미널로 가는 길에는 '대화'라는 이름을 가진 청동상(프랑스 조각가 피롯 Etienne Pirot의 2012년 6월 12일 제작) 등이 서 있기도 하다.

거리마다 독특한 예술 활동이 이루어지는 거리에 가고 싶다.

우리도 거리마다 다른 예술의 향기에 취해서 날마다 방황하고 싶다.

공동묘지

부에노스아이레스 레콜레타 묘지, 도시 속의 화려한 아름다움

'주님을 기다리며'를 새겨 놓은 레콜레타 묘지 입구

만우절의 거짓말과 같이 여행의 행선지가 묘지임에도 아름답게 느껴졌다고 하면 산자와 죽은 자를 놀리는 말일까?

영국 공영방송국 BBC에서 '세계 최고의 묘지들'(2011년10월 31일)과 미국 뉴스방송사 CNN에서 '세계에서 가장 아름다운 묘지 10'(2013년 2월 20일)을 방송한 것을 보면 그렇지 않을 것이다.

BBC는 10월의 마지막 밤 할로윈 축제(Halloween Festival)와 11월 1, 2일 멕시코 '죽은 자의 날(Día de Muertos)' 축제 사이에 묘지를 선정하여 발표한다.

모든 성인 대축일 전야제의 줄임말인 할로인은 죽은 사람의 영혼이 이승으로 되돌아오는 날이며, 산자가 영적 세계에 가장 가까이 갈 수 있는 날이다.

'죽은 자의 날'은 그 전 날 '죽은 아이들의 날'과 함께, 산자가 이승의 가족과 친구를 만나기 위해 찾아오는 죽은 자를 환영하는 날이다. 묘지가 산자와 죽은 자가 이별하고 재회하는 장소이기에 그 방송이 10월의 마지막 밤에 이루어졌을 것이다.

CNN 방송은 역사의 매력적인 인물들을 기억하기 위한 의도로 겨울 휴가객을 대상으로 선정한 것이라고 한다.

휴가객들은 그 묘지에서 역사를 바꾸고자 한 인간의 매력을 아니면 묘지 그 자체의 '아름다움'을 느꼈을지 모른다.

축제를 즐기거나 휴가차 묘지를 둘러 본 산자들은 묘지에서 무엇을 볼까?

《공동묘지에 사는 남자》(P.S.Beagle, 정윤조 역)는 '죽음도 배워야 하는 거예요, 삶과 마찬가지로'라고 하면서 말할 것이다.

> 아무데나 묘비를 세워 놓고 그 아래 엄마가 묻혀 있다고 말해주면 그냥 믿을 거예요. 사람에게 필요한 건 묘비뿐이에요. 묘비만 있으면 다들 그 돌덩이 앞에서 가서 '미안해요, 엄마. 내가 나빴어요.'하고 울먹거리죠. 진짜 무덤이 아니라도 아무도 상관하지 않아요.

정말 그럴까?

두 방송에서 공통적으로 선정한 곳, 아르헨티나 부에노스아이레스의 레

군사독재시절에 실종된 가족들을 기다리는 '5월 광장의 어머니들'

콜레타 묘지(La Recoleta Cemetery)로 가보자.

묘지는 가장 번화가인 오벨리스크 광장에서부터 채 3km도 되지 않는 거리이다.

스페인으로부터 독립을 선언한 5월 혁명(1810년 5월 25일), 군사독재의 인권 탄압을 전 세계에 고발한 '5월 광장의 어머니들'(1977년 4월 13일)이 여전히 활동하고 있는 5월 광장에서부터도 4km도 되지 않는다.

묘지는 가장 부촌인 팔레르모 지역과 이웃하고 있는 구시가지의 중심지에 있다.

묘지는 1822년 프랑스 건축가 카텔린(P.Catelin)의 설계로 준공되었다가 1881년 이탈리아 건축가 부샤초(J.A.Buschiazzo)에 의해 리모델링되어 현재에 이른다.

도리아 양식(받침도 없이 세로로 홈이 파여 있는 견고하고 꾸밈없는 기둥)의 정문 상단에는 스페인어로 '고이 잠드소서'가 새겨져 있다.

이어 같은 양식으로 된 출입구상단에는 라틴어로 '주님을 기다리며'가 새겨져 있다.

정문과 출입구 사이 불과 몇 미터도 되지 않는 거리는, 마치 장례 미사에서 죽은 자들이 죽음에서 새로운 삶으로 부활하기 위해서 잠시 머무는 곳인 것 같다.

그 거리는 산자가 옷깃을 여미고 마음을 다듬으며 죽은 자에게 다가갈 채비를 하는 곳인 것 같기도 하다.

대다수 국민들이 가톨릭교회 신자인 만큼, 예수 입상을 중심으로 방사형으로 되어 있는 묘지에는 고이 잠들어 부활을 기다리는 역사적 인물들, 정치가와 군인, 문인과 예술가, 교수와 학자, 체육인과 배우 등 그 수만 해도 240여 명이 훨씬 넘게 잠들어 있다.

역사를 바꾸고 새로 쓴 인물들이 잠들어 묻혀 있는 집은 그 지붕부터 남다르다.

아르헨티나 역사의 주요 인물들을 모셔 놓고 다양한 건축 양식과 조각상을 세운 공동묘지

그 지붕들은 90여 개가 넘는 국가지정기념물을 포함하여 약 4700개쯤 되는 서로 다른 둥근 천장들로 이루어져 있다. 그 지붕들은 전문가들에게는 비잔틴 양식, 신고전주의 양식, 아르 누보 양식, 아르 데코 양식 등으로 구별되지만 그저 화려하거나 아름답게 보일 뿐이다.

그 둥근 지붕들이 이루고 있는 회랑에 들어서면 역시 출입구도 서로 다르다. 출입구는 문의 위쪽에 죽은 자의 이름을 새겨 놓고, 그 앞에는 조각상을 세워 놓고 있다.

그 조각상을 만든 작가들도 규탕(Jules Coutan, 프랑스 국적, 1848~1939), 아 아이그너(Richard Aigner 오스트리아 국적, 1867~1925) 등 이름을 그 밑에 새겨놓고 있다.

회랑을 가다가 만나는 묘지의 조각상들

지붕의 개수 약 4700개보다는 많지 않지만 그 조각의 전시로 회랑이 이어져 있다.

조각 전시장으로 된 회랑을 지나다 보면 누구에게나 이름으로, 노래로, 일화로 잘 알려진 에바 페론(Eva Perón, 1919년 5월 7일~1952년 7월 26일)의 묘지도 있다.

그 묘지는 가장 많은 꽃으로, 가장 많은 관광객으로 둘러싸여 있다. 관광객들이 그 묘지를 찾는 것은 그녀가 가장 널리 알려져 있어 익숙한 이름이기 때문일까?

아니면 그녀가

> 탱고까지 죽음으로 몰아간 침묵,
> 위에서는 명령, 아래서는 눈물.
> 한창 젊은 나이. 우리는 아무것도 아니었어요.
> (…)
> 당신을 치장시키고 당신에게 흙을 뿌리는 동안
> 공화국은 새카맣게 물들었지요.
> 대중 앞에 선 제단의 성녀.'
>
> \- 월시(María Elena Walsh)의 시
> '에바 EVA'(김유진 역) 중에서

이었기 때문일까?

도심과 묘지 혹은 전혀 어울리지 않는 풍경으로 도시를 거듭나게 할 수는 없을까?

에바 페론의 묘지

공원

오슬로 비겔란 조각공원, 삶과 죽음의 윤회

조각공원에 자리한 구스타프 비겔란 동상

우리는 인간이 아니다. 우리는 장전된 무기다. 우리는 한 무리의 비둘기다. 우리는 목초지의 꽃이다. 우리는 숲속의 돌멩이다. 우리는 바닷가의 자갈돌이다. 우리는 선반위의 알파벳이다. 우리는 상자위에 각인된 한 점의 그림이다. 우리는 모든 것이다. 동시에 우리는 아무것도 아니다.

- 쉰네 순 뢰에스의 소설 《아침으로 꽃다발 먹기》(손화수 역) 중에서

한국인 입양아 출신으로 2002년 노르웨이 브라게 문학상(청소년도서부문)을 받은 쉰네 순 뢰에스(Synne Sun Löes)는 '인간은 인간이면서 인간이 아니다'라고 절규한다. 인간, 그 삶과 죽음이 무엇인지에 관한 물음은 언제나 우리 곁을 떠나지 않을 것이다. 그 물음의 대답은 살아가면서 겪는 경험이나 고통으로, 철학이나 문학이나 예술로 만날 것이다.

그 답을 구스타브 비겔란(Gustav Vigeland, 1869년 4월 11일~1943년 3월 12일)은 조각공원(Sculpture Park)을 만들어서 나체 조각으로 보여준다.

공원의 입구는 그 물음의 답이 쉽게 열리지 않을 것 같은 예감을 주는 쇠문으로 되어 있다.

그 쇠문의 앞에 놓인 숲길은 그 물음이 답을 마련하도록 만든 걷기 명상의 길인지 모른다.

그 첫 번째 답은 숲길을 지나 만나는 다리 위의 조각상들이 보여줄 것 같다.

다리 위에는 양쪽 난간의 청동 조각과 네 개의 기둥으로 이루어진 석상 조

비겔란 조각공원 출입구

각이 있다. 청동 조각들은 어린이에서 늙은이에 이르기까지 태어나서 자라고 죽어가는 다양한 모습들을 표현하고 있다. 그 모습들은 혼자서 혹은 여럿이서 기쁨과 슬픔, 쾌와 불쾌, 사랑과 미움 등을 드러내고 있다.

공원 입구 다리 옆의 조각상

석상 조각들은 용과 남, 용과 여가 서로 얽혀 있다. 배척의 대상이며 악으로 존재하는 용(서양)과의 싸움은 인간의 고통이나 번뇌를 표현하고 있는 것일지도 모른다.

다리의 조각상들이 던져 준 답은 사람들은 혼자 혹은 여럿이 늘 사소한 감정들을 삭이지 못하고 사랑하거나 싸우는 일생을 살아간다.

그렇지, 우리의 삶이 그렇지, 뭐 특별할 게 있냐고 중얼거리면서 다리의 끝자락을 지나면 분수대가 다가온다. 여섯 남자들은 힘차게 솟아올라가다가 내려오는 물을 맞으면서 수반을 높이 쳐들고 있다.

그 물을 청년과 노년들은 밖으로 쏟아 붓고 있다.

맑은 물로 머리를 감아 액운을 씻어내는 물맞이처럼, 사람들은 살아가면서 부딪치는 악의 고통이나 번뇌를 이겨내기도 하지만 때로는 그 무게에 짓눌려 겨우 살아갈 것이다.

그 물을 비켜선 자리에는 나무 조각들이 나란히 서 있다. 조각들은 어린이와 유골에서 시작하여 죽음까지 보여주고 있다.

분수대를 둘러싸고 있는 '생의 윤회'라는 제목을 가진 조각상들

어린 소녀집단, 성적 욕망을 표출하고 거부하는 청춘 남녀, 서로 사랑하는 듯 싫어하는 듯 화해하듯 듯 외로운 듯 여러 감정을 표현하고 있는 부부, 죽음의 순간을 맞이하고 있는 늙은이, 어린이와 나란히 있는 해골은 삶이 곧 죽음이요 죽음이 곧 삶이라는 뜻일까?

답은 그가 유일하게 명명한 〈생명의 프리즈〉에서 찾아질 것 같다. 그 앞의 조각들은 입체적인 방식으로 제작된 환조이지만, 〈생명의 프리즈〉부터는 평면 위에 입체로 제작된 부조이다. 빛과 시선의 위치에 따라서 다르게 보이는 환조와는 달리 〈생명의 프리즈〉는 하나로 보이며, 하나의 의미로 다가설지 모른다. 부조는 신전에서 시작하여 죽음으로 끝맺는다. 〈파르테논〉 신전, 동물들과 놀고 있는 어린아이들, 아기를 보고 있거나 서로 싸우거나 춤추거나 놀고 있는 소년소녀들, 서로 갈망하거나 거부하거나 부끄러워하거나 기대어 앉은 청춘 남녀들, 자녀들을 꾸짖거나 남편을 껴안거나 두 남자 사이에 있거나 아기를 앉고 기뻐하고 있는 부부들, 자녀들의 손을 잡거나 바라보거나 서로 앙상한 몸으로 안고 있는 늙은이.

신전에서 시작하여 삶과 죽음이 하나에 이른다는 〈생명의 프리즈〉는 사람의 삶은 신이 만들어 놓은 운명이라는 뜻일까? 사람의 일생을 담고 있는 나무도 '생명의 나무'이며, 신의 부름에 따라서 태어나고 자라고 죽는 운명도 정해진다는 것일지도 모른다.

모노리텐

〈생명의 프리즈〉를 지나 언덕에 올라서면 모노리텐과 화강암 조각 군상들이 기다린다. 모노리텐은 높이 17미터의 돌기둥에 뒤엉켜 있는 남녀노소를 조각한 것이다.

시체 같은 늙은이를 맨 밑에 두고서 올라갈수록 나이가 어려지고 서로 화해하는 모습을 보이다가 공중으로 올라가는 한 어린이를 맨 꼭대기에 형상화 한다. 늙은이에서 어린이까지도 역시 사람의 일

생을 거꾸로 말한 것이다. 사람의 삶이란 서로 화해하고 돕는 것이란 뜻일까? 아마 그럴지도 모르지라는 생각을 하면서 공원을 나서면 바로 묘지의 벤치가 지친 사람들을 맞아준다. 벤치는 신이 사람에게 삶과 죽음의 운명을 내려 주신 것을 확인하는 자리인 것 같다.

비겔란 조각 공원처럼 우리도 도시민으로 살아가면서 예술 향기로 가득 찬 공원을 찾고 싶다. 공연을 통해서 사람들을 모우는 것만이 예술이 아니다. 공원이나 광장이 아니면 어때? 어디든 예술이 자리할 공간이 없지는 않을 것이다. 그 공간에 예술이 자리하지 못할 이유도 없다.

산자, 죽은 자의 공존 공간

웰링턴 거리와 공원,
역사와 삶 속으로 걷기

웰링턴 시내에서 본 지붕위의 조각품

남 섬의 북동쪽에 있는 카이코라(Kaikoura) 강진(7.8)의 여진으로 도로와 건물이 붕괴되고 있다는 뉴스를 뒤로 한 채 뉴질랜드로 출발하여 2017년 음력설 무렵 웰링턴(Wellington)에 도착했다.

오세아니아 배낭여행자들에게 이미 널리 알려진 YHA(유스 호스텔 협회)에 여장을 풀고 챙겨 본 안내 메모판에는 해변 길 걷기, 쿠바 거리(Cuba Street), 열대식물원 등이 추천되어 있었다.

웰링턴이 바람의 도시라는 별명을 확인시켜주는 듯, 해변 친수공간에서 만나는 것은 몸을 가누기조차 어렵게 하는 강한 바람, 곧 덮칠 듯 으르렁거리면서 밀려오는 파도, 그 속에서도 엎드려 잠든 듯이 아무런 말도 없이 마냥 숨어있는 옛 이야기들이다.

원주민 마오리족(Maori)의 옛 이야기는 지역 출신 조각가 톰프슨(Rewi Thompson, 1953년~2016년)의 조각을 비롯하여 많은 작품들이 전해준다.

마오리족인 그 조각가는 작품 이름 'Te Aho a Māui(마오리족의 낚싯줄, 1991년 제작)'에서부터 마오리의 창조 신화를 빌려 온다.

그의 작품을 지나 바닷가로 가까이 다가가면 쿠티(Kooti, 마오리 군사지도자와 예언자)가 사용한 별과 달, 산의 모양을 형상화 한 깃발을 단 금속 막

마오라족 군사지도자와 예언자 쿠티가 사용하는 별과 달, 산의 모양을 형상화 한 깃발

1994년 세 명의 조각가들, 톰프슨, 매칫, 그레이가
'시티로 가는 바다 다리' 위에 마오리족의 전설에 따라 제작한 세 개의 작품

대기가 여기저기 꼽혀 있다.

그 막대기들은 저물 무렵 지는 해와 떠오르는 달의 배경으로 설치되어 '아!'라는 탄성을 저절로 자아내게 하는 석양의 풍경을 화폭으로 담는다.

마오리족의 옛 이야기와 삶의 흔적은 친수공간과 시청 광장을 이어주는 '도시로 가는 바다 다리'에서도 짙게 베어난다.

그 다리에는 1994년 세 명의 조각가들, 톰프슨(Rewi Thompson), 매칫(Para Matchitt), 그레이(John Gray)가 마오리족의 전설에 따라서 제작한 세 개의 작품이 설치되어 있다.

그 작품들은 도시의 옛 이름 '테 우포코 오 테 이카(Te Upoko-o-te-Ika, 마오리 낚시의 중심지)'를 창조한 신의 모습을, 종족의 조상으로 섬겼던 도요새 쿠아카(Kuaka, 큰 뒷부리 도요새)와 후아후(Huahou, 붉은 가슴도요)를, 고래, 상어 및 물고기들을 조각한 것이다.

해안 친수공간을 따라 길을 걷다가 지쳐서 쉬고 싶을 때, 쿠바 거리(Cuba

Street)의 입구라는 팻말이 망설이지 말고 어서 오라고, 이제 옛 이야기에서 나와 작금의 이야기를 들어보라고 손짓한다.

그 팻말은 쿠바 거리가 쿠바인들의 거리가 아니라고도 말하지 않는다. 웰링턴이라는 지명이 유럽 백인이 정착하도록 도움을 준 제1대 웰링턴 공작 아서 웰즐리(Arthur Wellesley, 1769년 1월 16일~1852년 9월 14일), 해변에서 쿠바 거리로 올 때 가로지른 웨이크필드 거리(Wakefield Street)가 1839년 9월 20일 이곳에 도착한 토리 호의 선장 웨이크필드(William Hayward Wakefield, 1801년~1848년 9월 19일) 대령의 이름을 빌려온 것이라고도 말하지 않는다.

팻말은 거리 이름을 단 채 방향만을 가리킬 뿐이다. 그 거리 이름이 글렌버비(Glenbervie), 록스버러(Roxbuugh), 볼튼(Bolton), 애들레이드(Adelaide), 오리엔탈(Oriental), 코로만델(Coromandel), 쿠바(Cuba) 등이 1840년 1월 이후 유럽 이주민들을 태우고 온 선박의 이름을 빌려온 것임을 스스로 말한다.

그 거리에는 1993년 제정된 '역사적 장소'에 관한 법률에 따라서 역사적 장소로 지정되어 있다.

쿠바 거리는 역사적 장소를 중심으로 극장과 예술 스튜디오, 개인 갤러리, 카페와 커피숍, 식당과 시장 등이 양쪽으로 늘어서 있고 그 사이에 있는 좁은 골목길에는 그라피티가 장식하고 있다.

거리에 늘어 선 건물들과 골목의 그라피티들은 1840년 정착민이 살고 갔던 삶의 흔적을 여기저기 드러내고 있다.

쿠바 거리에서 다시 웨이크필드 거리로 나와서 케이블 거리를 따라가면 시내가 한 눈에 보이는 식물원으로 갈 수 있다. 그 공식 명칭인 웰링턴 열대 식물원(Wellington Botanic Garden)은 뉴질랜드의 '원예, 역사, 환경 신탁 유산 지역'이다.

부산 시민공원의 절반 정도의 면적을 가진 열대 식물원의 안내지도를 따라서 가다가 지치고 피곤할 때 곳곳에 마련된 의자는 휴식의 시간을 가져다준다.

앉으려고 허리를 숙여 먼지를 터는 사람의 눈높이에 맞추어 의자의 명찰이 붙여 있다. 의자 하나에 하나씩 붙여 있는 명찰은 앉았다가 간 사람들의 이름과 간단한 사연을 보여준다.

'찰스 아서 카펜터의 사랑을 기억하며-1906년 8월 오스트레일리아에서 태어났고 1981년 3월 17일 웰링턴에서 살다가 죽었다. 딸 엘리자베스 클라크와 그 가족들이 기부했다.'

'케빈 우함의 사랑을 기억하며-식물원의 걷기를 사랑한 사람, 1940년 7월 30일~2005년 2월 21일.'

'바질 1999~2011, 직원들과 방문객들의 많은 사랑을 받은, 공원에서 입양한 고양이, 웰링턴의 친구.'

'찰스 아서 카펜터의 사랑을 기억하며'를 붙여 놓은 공원 의자

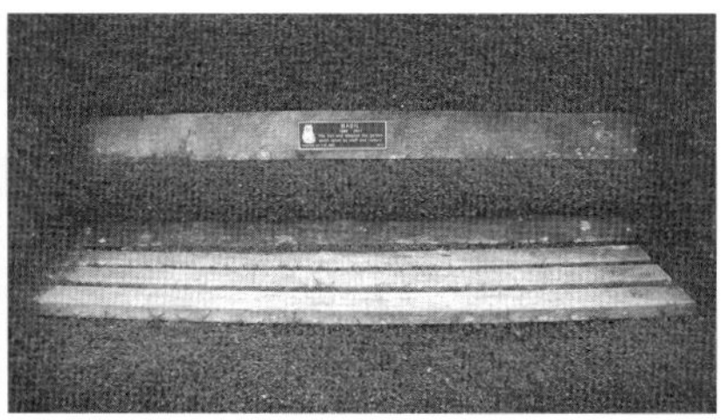

공원에서 입양한 고양이, '웰링턴의 친구 바질'을 붙여 놓은 공원 의자

의자 하나에도 방문객과 이웃 주민, 아니 생명체들의 삶과 역사가 짙게 스며들어 있어 공원을 나와서 다시 숙소로 돌아가는 발걸음이 무겁게 느껴진 곳은 웰링턴이 처음이다.

바람의 도시 웰링턴에서 부는 바람은 스쳐지나가면서 사라지지 않는다.

우리도 길거리와 공원의 의자 하나에 도시의 역사와 시민들의 삶의 흔적이 짙게 묻어나게 할 수는 없을까?

크라이스트처치 해글리 공원, 복합문화공간

지난 해 10월 29일 부산역 광장에서 시작된 촛불집회가 올해 3월 10일 헌법재판소의 판결로 133일의 드라마로 막을 내렸다.

드라마는 집회 참가자들이 동구 고관로 '평화의 소녀상'을 붙들거나 남구 자유평화로를 걸어가면서 자유와 평화를 애타게 기원하는 것으로 방송되고 있었다.

카메라의 앵글은 참가자들이 곧 스러질 육신을 자유와 평화에의 열망으로 일으켜 세워 연산동 교차로에서 멈추었다가 다음 날 법원에 하소연하러 가는 것에 맞추어졌다.

드라마의 첫 장면은 부산역 광장이다. 시민들은 혼자이거나 여럿이서 얼굴을 붉히고 언성을 높이면서 광장의 무대 앞 아고라(agora)(대중의 집회와 토론이 이뤄지던 고대 그리스의 광장)로 집결한다.

서로 공감을 나누며 참가자들은 대열을 갖추어 한 목소리 외치면서 질서정연하게 대규모 집회를 여는 광장 포럼(forum)(고대 로마의 공공 집회 광장)에서 거리로 행진한다.

아고라와 포럼은 기원전 9~7세기부터 시작된 정치, 경제, 사회의 중심 공간, 당시 시민들의 복합문화공간이다. 오늘날 아고라와 포럼, 그 이름을 바꾼 광장도 역사적 기념 장소로 남아 있을 뿐이다.

아고라와 포럼처럼 복합문화공간의 역할을 하는 곳을 어디서 찾을 수 있을까? 그 규모가 크든 작든 집회의 장소를 대도시 광장에게 물려준다면 자연이나 생태환경의 공간 역할도 할 수 있는 곳은 어딜까?

유럽 이주민의 국가에서 대도시 광장을 찾을 수 있을까?

유럽의 전통을 버리지 않고 새로운 나라로 독립한 뉴질랜드 크라이스트처치(Christchurch)에서 찾을 수 있을 것 같다.

2010년, 2011년 대지진으로 도시가 파괴되기도 했지만 크라이스트처치에서 가장 온전하게 보존된 곳은 해글리 공원(Hagley Park)이다.

해글리 공원은 역사, 문화, 자연, 생태 환경을 함께 아우르고 있는 곳이다.

해글리 공원을 만나면 크라이스트처치를 왜 '정원의 도시(Garden City)'라고 부르는지를 알게 된다.

공원으로 가기 전 여행자들은 지진이 남의 일 같지 않다는 심정으로 도심으로 발길을 돌린다.

피콕 분수를 중심으로 넓게 퍼져 있는 크라이스트처치의 해글리 공원

아직 복구도 되지 않은 대성당의 울타리에는 '시와 시민 간의 의견 합의가 이루어지지 않아서 공사를 진행하고 있지 못하다'는 공고문이 여전히 붙어있다.

그 성당 광장의 건너편 캐셜 거리에 있는 '리 : 스타트 몰'은 그 이름처럼 복구를 시작했음을 알리고 있을 뿐이다.

임시 건물의 상점들, 거리 장식들, 거리 조각상이나 그라피티 등은 복구의 완성을 향한 가능성을 열어 놓고 행인들에게 상상력으로 채워주기를 바라고 있다.

도심에서 해글리 공원까지는 채 1킬로미터도 되지 않는다. 그 사이를 옥스퍼드 테라스로 이름 붙인 에이번 강변에 있는 '기억의 다리(Bridge of Remembrance)'가 이어주고 있다.

기억의 다리

다리의 입구는 제 1,2차 세계대전에서 희생한 군인들을 추모하는 아치형 건축으로 되어 있다.

그 다리를 건너서 롤레스턴 거리로 따라가면 에이번 강이 활처럼 감싸고 흐르는 아철리 론과 그 잔디밭을 다시 양쪽으로 둘러싸고 있는 해글리 공원이 나온다.

해글리 공원은 1855년 '대중들의 휴식과 오락을 위한 열린 공간, 대중 공원으로서 영원히 보존하기 위한 것'으로 건립된다.

공원은 경마장에서 출발하여 시민들이 널리 즐길 수 있는 스포츠 경기나 산업박람회, 서커스, 꽃 전시회, 열린 콘서트 등이 열리는 대중 공간으로 자리 잡아 간다.

단순한 오락공간을 탈피하고자 공원에 이어서 열대 식물원(1863년), 캔터베리 박물관(1867년) 등이 건립된다.

공원에 이어져 있는 열대 식물원은 단순히 감상자로 머물러 있던 구경꾼

열대식물원에 있는 세계평화의 종

들을 자연의 생태 환경으로 이끌고 간다.

은발의 노신사는 무한궤도 전동차를 운전하면서 승객들에게 열대 식물의 종류, 성장 환경, 특성 등을 자세히 설명하면서 사진 찍기 좋은 곳을 안내하기도 하고 직접 찍어주기도 한다.

열대 식물원이라는 이름에 걸맞게 상록 활엽수, 덩굴 식물, 착생 식물, 낙엽수, 작은 관목, 선인장류 등이 가득하다.

마지막으로 노신사는 승객들을 '세계평화의 종'으로 데리고 가서는 '기억의 다리'를 다시 생각하게끔 하고는 매년 2월 '정원 축제'에 다시 만날 것을 약속한다.

열대 식물원은 캔터베리 박물관으로 이어진다.

박물관은 마오리족을 비롯한 원주민과 이주 정착민들의 생활상을, 남극 탐험의 역사 그리고 국조 키위와 멸종한 모아 등 조류 박제 등을, 지역의 자연적 환경과 생존 방식, 그 과정과 함께 이어져온 예술작품 등을 전시하고 있다.

박물관을 나오면 분수대를 중심으로 각가지 꽃들과 넓은 잔디밭으로 된 휴식의 공간이 기다리고 있다.

휴식을 취하고 피곤함이 가셔도 해글리 공원처럼 스포츠 경기장, 식물원, 박물관, 극장, 문학관, 예술 전시관 등 해글리 공원에서 복합문화공간을 만났던 행운은 사라지지 않을 것이다.

어느 도시에도 다 있는 시민공원이 언제 어떻게 복합문화공간으로 시민들에게 행운을 가져다줄까?

캔터베리박물관에 전시된 뉴질랜드 원주민 마오리족의 옛 집

클루지나포카 중앙공원,
시민 축제와 복합문화공간

혹시 로마(Rome)와 롬(Rom), 로마인(Roman)과 로마족(Roma)을 구별하세요?

물론 로마는 이탈리아 수도이며, 로마인은 그 도시에 사는 사람들이죠?

롬은 어디이고 로마족은 어디에 살죠?

롬과 로마족은 유럽에서 집시(단수)와 집시족(복수)을 부르는 말이다. 집시들의 언어, 곧 로마족의 언어를 로마어라고 한다.

'로만어를 사용하는 사람과 토지'로 뜻풀이되는 루마니아(Romania)로의 여행이라면, 집시 남성 롬(Rom)과 여성 롬니(Romny)가 여행자들을 기다리고 있을 것이다.

롬은 도둑질과 사기, 유괴와 납치 등 편견으로 덧씌워진 이미지 속에 머무를 뿐 현실로 나타나지 않는다.

퇴폐미와 격정으로 상대를 유혹하여 파멸에 이르게 한 '카르멘'의 이미지를 이미 뒤집어쓴 롬니도 동명의 소설(프랑스 소설가 프로스페르 메리메 Prosper Mérimée의 1845년 작품)과 오페라(프랑스 작곡가 조르주 비제 Georges Bizet의 1875년 작품) 속에서 현실로 나오지 않는다.

자기와의 사랑을 끝까지 거부한 카르멘을 죽인 돈 호세 (Don Jose) 같은 촌뜨기 여행자는 집시 여인을 기다리면서 사랑을 꿈꿀지도 모른다.

그 촌뜨기는

그댄 외롭고 쓸쓸한 여인
(…)
먼 길을 떠나가네.
때론 고독에 묻혀있다네.
하염없는 눈물 흘리네.
밤에는 별 보며
낮에는 꽃 보며

사랑을 생각하네.
내 마음에도 사랑은 있어
난 밤마다 꿈을 꾸네.
오늘밤에도 초원에 누워 별을 보며 생각하네.
집시, 집시, 집시
집시 여인

- 이치현과 벗님들의 '집시 여인' 중에서

라고 노래를 자신도 모르게 흥얼거리고 있는 순간을 알아채고는 주위를 살펴본다.

'2015년 유럽청년수도 클루지나포카'라는 현수막이 중앙공원 입구에 걸려 있다.

유럽청년수도(European Youth Capital)는 비정부기구 유럽청년포럼이 주최하여 해마다 개최하는 것으로 2014년 처음으로 유럽연합의회(European Parliament, EP)에서 공식 행사로 인정받는다.

'2015년 유럽청년수도 클루지나포카' 홈페이지 사진

유럽청년포럼은 모든 유럽 청년들은 평등한 세계시민으로서 역할을 하고자 1996년 국제기구로 조직되어 현재 40개의 국가청년회의, 59개의 세계청년 비정부기구, 99개의 지부를 가진 단체이다.

유럽문화수도의 개최를 신청한 적도 없는 루마니아의 클루지나포카(Cluj-Napoca)에서 유럽청년수도가 7월 30일부터 8월 2일까지 열리다니. 아직 한 달이나 남아 있다니! 여행 일정을 탓하고 현수막을 뒤돌아 힐끔힐끔 쳐다보면서도 발길은 이미 중앙공원으로 깊게 옮겨지고 있다.

중앙공원(Parcul Centra)은 1827년 여성복지회에서 오락장소로 개발한 이래 1838년 도시공원위원회의 발족, 1874년 헝가리국립극장의 설립 등을 계기로 휴식 공간과 문화 공간을 겸하여 오늘에 이른다.

그 공식 명칭은 독립의지와 민족의식을 깨우쳐 준 지도자의 이름을 붙여서 '센트럴 파크 시미온 바누티율'(Simion Bărnuţiu, 1808년 7월 21일~1864년

1874년 중앙공원 부근에 설립된 헝가리국립극장

5월 28일)로 1989년부터 명명된다.

공원에 들어서면 시민들도 채 한 달도 남지 않는 유럽청년수도의 개최를 가슴으로부터 벌써 받아들이고 있다.

입구 노점상의 늙은 주인은 '당신이 사랑을 원할 때 – 담배를 피우고, 술을 마시고, 춤을 추고, 키스를 나눌 것'이라는 영문을 붉고 푸른 색칠로 그려 놓은 티셔츠를 입고는 자랑하듯 가슴을 확 펼치고 서 있다.

입구의 가게를 지날 무렵 소메슈 강(Someşul River)과 미크 강(Mic River) 유역에서 불어오는 바람에 현수막, 플래카드, 벽보, 포스터들이 나부끼는 소리가 걸음을 멈추게 한다.

'2015년 유럽청년수도' 포스트를 시작으로 하여 '클루지나포카, 젊음, 비전, 힘, 책임감, 즐거움' 등 영문글자를 사각형의 상자에 하나하나 새겨서 포개

'2015년 유럽청년수도'의 참여를 격려하는 영문글자를 새겨 포개어 놓은 사각형의 상자

어 놓은 것에 이어서, '젊음은 여기서 시작한다.-재미와 젊음의 지역에 가입하라', '공원에서 재즈를', 그리고 극장, 공연장, 영화관 등에서 하고 있는 프로그램들의 플래카드가 즐거이 서 있다.

문화예술 프로그램들로 가득 찬 숲길을 지나가면 악기를 연주하는 조각들로 이루어진 분수대가 중심에 위치하고 있다. 높이 솟아올라 여름의 무더위를 식혀주는 분수대의 물길처럼 시민들은 여기저기에서 노래를 부르거나 악기를 연주하거나 춤을 추면서 한 낮의 햇살만큼 강렬하게 저마다의 예술 활동을 즐긴다.

그러다가 축제의 흥이 사라지면 시민들은 공원을 산책하면서 지휘자 안토닌 시올란(Antonin Ciolan, 1883년 1월 1일~1970년 4월 12일), 시인 조지 코

공원 음악회

즈벅(George Cosbuc 1866년 8월 20일~1919년 5월 9일)을 비롯하여 위대한 예술가들을 흉상으로 만나기도 한다.

시민과 예술가의 만남은 공원을 나서도 계속되고 박물관과 열대식물원으로 이어진다. 클루지 헝가리 극장, 클루지 헝가리 오페라, 클루지나포카 국립극장, 트란실바니아 역사박물관, 환경 박물관 등 다양한 문화 시설들이 시민들을 맞이한다.

시민들은 공원에서 관람객이 아니라 스스로 주체가 되어 다양한 문화예술 활동을 한다. 그 주위에는 문화예술 공간과 기관들이 시민들의 예술 활동을 더욱더 북돋워준다.

도시공간이 시민이 주체가 되는 문화예술 공간과 휴식공간으로 자리 잡을 수는 없을까? 공원 주위에 복합문화공간이나 기관이 많으면 많을수록 더 좋을 것이다.

중앙공원 옆 열대식물원

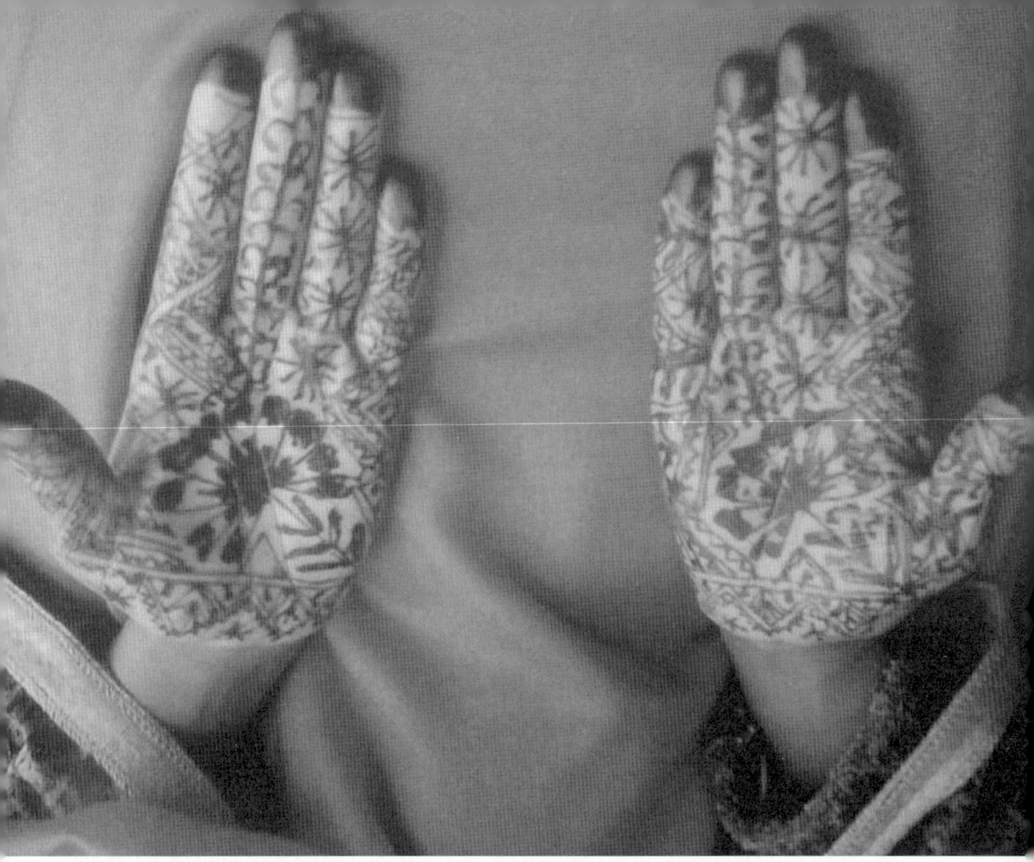

광장

리마 구시가지,
혼혈과 다문화의 광장

리마 시내 전경

2016년 1월 중순 무렵, 리마 호르헤 차베스 국제공항에 내려 미리 예약한 공항셔틀버스를 타고 시내로 들어가는 거리에는 4월 10일 대선을 앞둔 후보들의 현수막, 벽보 등이 요란스럽게 나붙어 있었다.

징역 25형을 선고받고 감방에 갇혀 있는 전직 일본계 대통령 후지모리(Alberto Fujimori, 1938년 7월 28일 생)의 딸로서 출마한 게이코(Fujimori Keiko 1975년 5월 25일 생)의 사진도 나부끼고 있었다. 그 사진은 잉카문명을 찾아가는 길에 느닷없이 '페루와 일본', '독재자와 그의 딸'을 떠오르게 한다.

'페루와 일본'은 태평양 전쟁(1941년 12월 7일~1945년 8월 15일)을 일으킨 전체주의 국가에 대항한 연합국으로 참여한 국가의 수도 리마에서 일본계 이민자들에 대한 폭동이 일어났던 사건을 연상시킨다.

'독재자와 그의 딸'은 아버지 스탈린(Joseph Stalin, 1879년 12월 18일~1953년 3월 5일) 때문에 '나는 어디를 가나 정치범이었다.'고 자서전 '친구에게 보낸 20통의 편지'(1967년)에서 고백한 그의 딸 스베틀라나(Svetlana Alliluyeva, 1926년 2월 28일~2011년 11월 22일)를 떠오르게 한다.

생각은 대선에서 후지모리에게 패배했지만 2010년 '권력의 구조 지도와 개인의 저항과 패배'를 다룬 작가로서 노벨문학을 수상한 바르가스 요사(Jorge Mario Pedro Vargas Llosa, 1936년 3월 28일 생)와 일본계 이주민보다도 100여년이나 일찍 온 중국계 이주민 등으로 꼬리를 물고 이어진다.

셔틀버스에 내려서 숙소를 정하고 중앙광장(Plaza Mayor de Lima) 혹은 아르마스 광장(Lima Plaza de Armas)으로 나오자 너무나 많은, 전혀 인종을 짐

중앙 광장(아르마스 광장)

작할 수도 없는 사람들이 가득하다.

서로 섞여서 서로 다른 신체적 특징을 가진 사람들이 모인 광장에서 잉카 문명, 잉카제국, 잉카인을 어디서 찾아볼 수 있을까?

리마(Lima)는 1821년 7월 28일에 독립한 페루 공화국의 수도, 1535년 1월 18일 스페인 정복자 피사로(Francisco Pizarro, 1471년~1541년 6월 26일)에 의해 '왕의 도시'(Ciudad de los Reyes)로 설립된 식민 도시, 그 이전 15세기 잉카제국으로 통합된 도시에 지나지 않는 곳일까?

그 답을 찾으려 1551년 5월 12일에 설립된 샌 마르코스 국립 대학교(National University of San Marcos)의 중앙도서관이나 1821년 독립과 함께 창설된 국립중앙도서관(National Library of Peru)으로 갈까?

뜬금없이 발작하는 교수라는 직업병을 아주 쉽게 억누르지 못한 채, 광장 주위 박물관 순례에 나선다.

광장을 중심으로 60개가 넘는 구시가지의 박물관들 가운데 공화국과 수도의 역사와 유물을 전문적으로 다루고 있는 박물관으로 발길이 먼저 열린다.

국립 고고학, 인류학 및 역사박물관(National Museum of Archaeology, Anthropology and History)은 공화국의 독립과 함께 국가의 정체성을 확립하기 위해 1822년에 설립되어 관련 자료와 박물관들과의 통합을 통하여 1992년에 재개관한다.

박물관에는 기원전 8세기에서 공화국의 건국에 이르는 과정을 유물이나 유족, 표본 등으로 보여주고 있다.

옛 중앙은행 건물을 박물관으로 사용하는 중앙은행 박물관(Central Reserve Bank of Peru)도 잉카문명 이전의 고고학 유물들과 현대 미술 작품들을 동시에 보여주고 있다.

국가의 차원을 수도지역으로 더 구체화 시키면, 지역의 전문 박물관들이

국립 고고학, 인류학 및 역사박물관 입구

기다리고 있다.

수도 리마 박물관(Museo Metropolitano de Lima)은 국가가 아니라 지역의 역사, 잉카제국에서 스페인 식민지를 거쳐서 공화국 시대에 이르기까지의 역사를,

라르고 박물관(Larco Museum)은 콜럼버스가 미대륙을 발견하기 이전의 토산품과 미술품을,

산토 도밍고 수녀원 박물관(Museo del Convento de Santo Domingo)은 유럽 이주 정착민의 역사를,

종교재판 박물관(Museum of the Inquisition)은 스페인 식민지 초기 시대 가톨릭으로 개종을 거부한 원주민에 대한 재판과 징벌을,

국립 아프리카 페루 박물관(National Afro-Peruvian Museum)은 스페인 식민지 시기에서 독립하기까지 아프리카계 페루인의 역사와 유물을 보여주고 있다.

고고학, 인류학, 역사를 전문적으로 다룬 박물관들은 수도 리마의 옛 이름이 '이야기하는 사람(talker)'이나 '말하는 사람'(speaker)을 뜻하는 리마크(Limaq)였으며, 원주민은 잉카인이 아니라 이치마(Itchyma)이며, 시내를 흐르는 리마크 강(Limac River)이 '이야기의 강'임을 말해 주지 않았다.

옛 이름과 원주민들이 사라진 도시는 스페인을 비롯한 유럽 이주민과 인디오 원주민 간의 혼혈에 시작되어 몇 세대를 거친 촐로(cholo), 현존하는 원주민 케추아족(Quechuas)과 아이마라족(Aymara), 유럽계, 아시아계, 아프리카계 현지민이 모여서 살고 있음을 뜻하는 유니온 거리를 중심으로 이루어진다.

그 거리의 끝에서 쿠스코 거리를 따라서 가면 차이나타운이 기다리고 있다.

타운은 홀로가 아니라 현지 재래식 메르카도 중앙시장(Mercado Central)과 이탈리아 공원과 함께 있다. 리마처럼 우리 도시도 순수 혈통이나 인종을 구별하고 차별하는 것을 허락하지 않길 바란다.

마라케시 제마 엘 프나 광장,
텅 빈 낮과 예술로 가득한 밤

이슬람교도 베르베르족 마을 우리카에 내린 폭설

혹시 기억하세요?

'8월의 크리스마스'라는 영화를.

크리스마스는 젊은 연인들끼리 서로의 사랑을 장난스러운 눈싸움으로 주고받으면서 하늘을 향해 두 손을 마주잡고 활짝 웃는 풍경, 함박눈을 맞으면서 손을 맞잡고 거리를 헤매다가 밤의 어둠 속으로 사라지는 풍경을 떠올리게 한다.

서로 눈길을 나누지도 못하게 하는 강렬한 햇살과 무더운 바람이 불어오는 '8월의 크리스마스'라니. 크리스마스는 12월이지.

물론 아시겠죠?

12월의 크리스마스에도 햇살이 따가워 눈을 뜨지도 못하는 곳이 아프리카, 아니 중앙아프리카인 줄을.

북아프리카 아니 북아프리카의 아틀라스 산맥지역에는 눈이 내린다는 것을. 2015년 1월 북아프리카 아틀라스 산맥에 80년만의 폭설이 내리는 현장 사진이 아직도 나의 배낭 속에서 현상을 기다리고 있다.

그 몇 장의 사진과 함께 산악지역에서 유목민으로 살아가는 이슬람교도 베르베르족 마을 우리카(ourika)에 내린 폭설로 여정을 중단하고 모로코 마라케시로 되돌아가서 며칠을, 낮에는 골목의 미로를 헤매고 밤에는 제마 엘 프나 광장(Djemaa el Fna)으로 간 기억으로 되살아나고 있다.

제마 엘 프나 광장은 2008년 유네스코 세계 무형문화유산으로 등재된 곳이다.

마라케시 제마 엘 프나 광장

광장은 베르베르족이 지배한 알모라비드 왕조(Almoravid dynasty, 1040년~1147년) 때에는 왕조의 이름을 딴 이슬람사원의 자리였다.

광장의 이름은 1050년 전후 사원 앞이 이교도의 공개 처형지였기에 죽음(프나 Fnaa)의 집회(제마 Jemaa)로, 1147년 왕조의 멸망과 사원이 파괴되자 집회(제마 Jemaa)의 마당(프나 Fnaa)으로 불린다.

1147년 이래 광장은 실제 기념물이나 건축물이 없는 텅 빈 곳으로 남아 있다. 그 주위를 오래되고 낡은 가옥들이 둘러싸 있고 그 너머 모스크의 첨탑들이 눈에 띨 뿐이다.

광장이긴 하지만 유네스코 유형 유산이 아니라 무형 유산으로 2008년에 등재된 것은 낮에는 도무지 이해되지 않지만 밤이 되면 '아하'라고 감탄을 하면서 깨달음의 손뼉을 치게 된다.

광장의 낮은 때로는 지중해로부터 불어오는 따뜻하고 습기가 많은 바람

관광객을 태우는 꽃마차들과 그 말들이 뱉은 오물 냄새로 가득 찬 낮의 광장

으로, 때로는 사하라 사막으로부터 불어오는 무덥고 건조한 바람으로, 때로는 그 바람들이 뒤섞여서 불어오기에 속칭 삐끼들, 관광객을 태우고 다닐 꽃마차들과 그 말들이 뱉은 오물 냄새 등으로 가득 차 있다.

도시 원주민들은 주변 골목길에서 그다지 크지도 않는 작은 가게를 지키면서 광장을 왕래하거나 순간순간 지나칠 뿐이다. 낮의 광장은 텅 빈 거리이다.

해질 무렵 주위에서 하나둘씩 불이 켜지고 천막이 가설되자 광장으로 이어진 골목에서부터 온 시민이 다 쏟아져 나오는 것같이 북새통을 이룬다.

사람들이 모여들기 시작하는 해질 무렵의 광장

주위를 에워싼 가옥들과 식당들, 가설 천막들에서 불을 밝히고 발 디딜 틈도 없이 사람들이 모여들자 광장의 밤은 화려한 치장을 하고 아름답게 빛난다.

밤의 광장은 마치 화려하고 아름다운 자태를 전 세계에 자랑하듯 풍광을 서서히 드러낸다.

이에 질세라 그 아름다움을 칭송한다.

'이 세상에서 가장 아름다운 14곳의 광장'(2015년 7월 19일, 항공티켓 예약

전문 사이트 스카이스캐너),

'전 세계에서 가장 유명한 14곳의 도시 광장'(2016년 11월 10일, 여행전문 사이트 투어피아),

'전 세계에서 반드시 봐야 할 31곳'(2017년 3월 28일, 미국 뉴스 전문 방송 CNN).

밤의 아름다움보다도 더 아름다운 것은 그 지역에서 살아가고 있는 사람들의 숨결이다.

그 숨결이 흩트리지 않고 고스란히 배어 있는 것은 전통 음식이다.

양고기를 비롯한 육류와 야채를 익힌 요리를 곁들인 쿠스쿠스(couscous), 야채와 양념 및 향신료 혹은 육류 등을 넣어 만든 따진(Tagine), 토마토나 여러 야채에 매운 소스를 곁들인 스프인 하리라(harira) 등 광장 자체가 거리 음식의 마당을 이루고 있다.

그 가설 천막 식당들 사이 곳곳에 예술의 숨결이 스며들어 있다. 그 숨결은 옛 이야기꾼들, 거리예술가들, 음악가들, 예능인들 등등 일반 시민들로부터 나온

가설 천막들, 거리예술가들, 구경꾼들, 전통 음식들이 어우러지는 밤

다. 매일 밤이 되면 시민들은 입에서 입으로 전해지는 옛이야기를 다시 전하고, 어릴 적 그 누군가로부터 배운 악기들을 연주하거나 노래를 하거나 춤을 춘다.

그 풍경은 매일 밤마다 되풀이되지만 나날이 달라진다.

그 광장을 소설가 후안 고이티솔로(Juan Goytisolo, 1931년 1월 6일생)는 '일함의 이야기 : 제마 엘 프나 광장의 북을 두드리는 고통'(2001년)에서 '물리적 공간이 아니라 입으로 전해지는 풍부한 옛이야기들과 눈에 보이지 않는 전통 문화의 피난처, 보호지'라고 명명한다.

광장의 문화는 사람과 사람 사이에 감정의 교류와 교감을 흐르게 한다.

광장의 매력은 사람에 있고 광장의 예술은 사람 사이의 교감을 나누게 한다.

우리 도시마다 있는 광장들이 그냥 텅 빈 채 자리만 차지하고 있는지 아니면 사람을 중심에 놓고 먹거리, 볼거리, 즐길 거리를 채비하고 있는지 궁금하다.

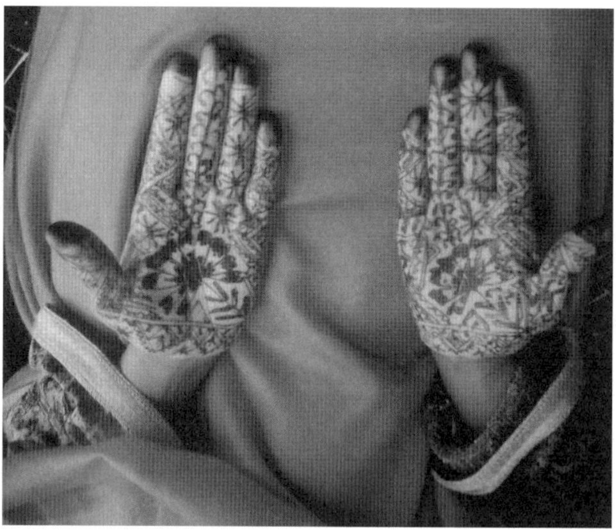

광장에서 만난 여인의 손. 손바닥에 부적을 새겼다.

그라피티

아실라 성채 마을,
그라피티로 과거를 미래로 바꾸다

모로코 북서부 연안에 위치하여 대서양과 접해 있는 해변 도시 아실라

너의 책임은 끝났다. 그리고 너는 과거를 미래로 바꿀 수 없다. … 네가 피에로나 예술가가 아닌 이상 너는 죽은 조각상에서 생명을 찾을 수는 없다. … 내게 중요한 것은 역사를 바꾸는 것이다. 네게 중요한 것은 과거가 미래로 기어가지 못하도록 막아 서 주는 것이다. 그러면 나는 허무주의자 … 부정적인 자인가? 너는 긍정적인 존재이다. 너의 의지는 다 끝나버린 과거와 관계가 없고, 그보다 너의 의지는 다가올 미래와 관련이 있다. … 너의 의지에 따라라. 지나가버린 과거를 되살려보겠다는 데에 너의 에너지를 소진하지 마라

- 압두 알케림 갈랍의 소설 《과거는 죽었다》 (장현자 역)에서

기원 전 1500년과 현재 2017년 사이 3,500여년의 거리를 뛰어넘어 예술가들은 '죽은 조각상'에서가 아니라 폐허가 된 해변 마을에서 생명을 되찾고 있다.

모로코 아실라(Asilah).

15세기 포르투갈의 정복, 17세기 모로코 세력의 지배, 19세기와 20세기 해적들의 기지, 1912년부터 1956년까지 스페인령 모로코의 일부, 1956년 모로코의 독립과 함께 되찾은 해변 도시.

1978년부터 시작된 복원 사업이 언제 끝날지 아무도 모르지만, 예술가들은 '과거가 미래로 기어가지 못하도록 막아 서 줄' 뿐만 아니라 새로운 미래를 창조한다.

미래의 창조는 모우심(Moussem)이라고 부르는 성인들의 축제이자 대규모 시장이 형성되는 시기에 우연히 일어난다.

성지 메디나와 라이술리 왕궁(Raisuli Palace)의 복원 작업을 하던 예술가들이 모우심에서 노닐다가 허물어진 성벽에 둘러싸인 해안 마을의 매력에 빠져 든다.

예술가들은 문화 모우심(Cultural Moussem of Asilah)이라 이름하여 모여들고 서로 불러들인다.

화가들은 15세기 포르투갈 성채의 흔적이 남아 있는 카스바(城) 안마을에 예술가촌을 이루면서 먼저 집들을 단장하기 시작한다.

이층으로 된 마을 집들은 지면에 맞닿은 아래층의 밑 부분과 문, 창과 같은 출입구는 파란색으로, 그 위는 흰 색으로 채색된다. 화가들은 파란 색으로 유일 신 알라의 사도 마호메트에 대한 신앙을, 흰 색으로 그 절대 신앙에 대한 순결한 숭배를 표현한다. 파란색의 문과 창은 마호메트에게 예배를 드리러 가는 출입구일지도 모른다.

파란 색과 하얀 색으로 채색된 성채 마을

가난한 사람들에게 이슬람 신앙으로 집들을 채색하는 자선(자카)을 베푼 화가들은 종교도로서, 예술가로서가 아니라 일반인으로 되돌아가서 휴식을 취하곤 한다. 휴식을 휴식답게 지내는 것은 그림을 그리는 것이 아니라 낙서를 하는 것일지 모른다. 화가들은 '긁다, 긁어서 새기다'라는 뜻을 가진 이탈리아어 그라피티로 그림 낙서를 하곤 한다.

화가들은 마을의 벽이나 집과 집 사이 만든 칸막이에 상상의 자유를 펼친다. 그 자유는 종교인으로서의 굴레를, 화가로서의 아름다움에 대한 집착, 인간으로서의 도덕적 규범을 벗어던지고 어디든 날아가서 벽화를 만들어 낸다.

벽화는 꽃을, 여인을, 인간 군상을, 인간의 사랑을, 뭔지 알 수 없는 문자들을 담고 있다.

글로 새긴 사랑과 평화 그리고 그 곁에 피어있는 장미 한 송이

벽화의 꽃은 글로 새긴 사랑과 평화 그리고 그 곁에 피어있는 장미 한 송이이다.

벽화의 여인은 파란 원피스를 입고 붉은 맨살을 드러내고 기타의 유래가 된 키타라를 치고 있는 파란 눈의 여인이거나 고기를 매달아 놓은 집의 창문에서 배들이 떠있는 파란 바다에 물을 붓는 원피스를 입고 붉은 어깨를 드러낸 여인이다.

벽화의 남자는 뭔가를 찢고서 그 틈새로 밖을 지켜보는 남자다.

맨살을 드러낸 파란 원피스를 입고
키타라를 치는 파란 눈의 여인

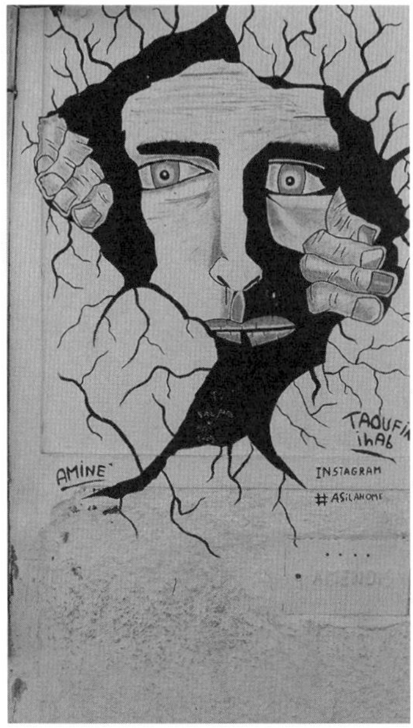

뭔가를 찢고서 그 틈새로 밖을
지켜보는 남자

벽화의 인간 군상은 가방을 들고 나뭇가지에 매달려 있는 여인 그 가지 위에서 그녀를 바라보고 있는 닭과 고양이 그리고 나무 곁에 서 있는 얼굴을 알아볼 수 있거나 없는 사람들이다.

벽화의 사랑은 열쇠로 잠긴 문에 AyouB라고 아주 작게 새긴 글씨와 함께 서로 마주보고 있는 듯, 껴안고 춤을 추고 있는 듯, 격렬하게 춤을 추면서 날아가는 듯한 남녀이다.

벽화의 문자는 아랍문자를 형언할 수 없는 색색의 곡선과 뒤섞여 있는 뭔지 알 수 없는 문자들이다.

벽화는 사람들에게 구체적으로 다가가서 의미를 던져주다가는 수수께끼를 내고는 침묵으로 그 자리에 서 있다.

수수께끼가 풀리든 풀리지 않든 1년이 지나면 벽화는 다시 흰색 바탕으로 예술가들을 기다리면서 아실라 국제 문화 축제(the International Cultural Moussem of Asilah)로 열린다.

매년 7월 열리는 축제는 1978년 복원 사업과 함께 시작되어 올해에 이르러 39주년이 된다.

축제는 그라피티를 중심으로 행해지고 목요일 시장도 함께 열린다.

축제는 예술가들뿐만 아니라 일반 사람들도 부른다. 예술가들이 그림 그리기에, 일반 사람들은 그림 낙서에 열중한다.

낙서가 그렇듯이, 그라피티는 아름다운 그림이라기보다는 그림으로 소통하는 것이다. 소통과 마찬가지로 그라피티도 주변 환경을 먼저 받아드리고 어울려야 한다.

우리도 지역 사람들의 삶과 환경에 적합한 그라피티를 가지고 있는지 묻

파란 색과 흰 색으로 채색된 성채 마을에서 사진으로 소통하는 모자

고 싶다.

도시마다 그라피티가 그려진 곳들도 또한 그릴 곳도 많다. 그 많은 공간을 가지고 있으면서 우리는 뭘 하는지, 뭘 해야 하는지 모르고 있다.

명화는 미술관에서 잠자고 있지만 그라피티는 언제나 시민들 곁에 있다.

도시의 문화가 그라피티로 살아나면 외지인 여행자들도 함께 그라피티 축제를 즐길 수 있을 것이다.

농장

페낭 나비농장,
인간과 자연의 조화로운 공존을 기다리면서

페낭 나비농장 안내표지판

나는 나비를 잡는 주인집 아들을 도와주면서 그 아름다움에 매료되었다. 나는 그 전에 나비를 보지 못했다. 하얀색, 붉은 색, 노란색 날개가 나를 최면에 빠뜨렸다.

나비가 날 때, 당신은 그 아름다움을 보지 못할 것입니다. 나비의 아름다움을 보려고 하면 꽃이 만발한 숲을 따라 가야합니다. 나비는 갑작스런 움직임과 그림자를 두려워하므로 천천히 움직입니다. 꽃에 머물러 있는 순간, 나비는 당신에게 복잡한 아름다움을 보여줄 때입니다.

데이비드 고(David Goh, 1944년 생)는 말레이시아 언론들과의 인터뷰에서 나비의 아름다움을 회고한다. 그는 나비를 통하여 인간과 자연의 조화로운 삶을 깨닫고는 나비농장을 설립한다.

유네스코 문화유산지역 조지타운(George Town, Penang)을 둘러보고 페낭 국립공원에서 트레킹을 마치면서 휴식을 취하려고 여기저기를 기울거리고 있을 때 우연히 눈에 띈 곳이 나비농장이다.

나비를 잡으려는 친구를 거들어주다가 그만 아름다운 날갯짓에 그가 정신을 빼앗겨 듯이, 농장 입구 벽면을 가득 채우고 있는 나비 농장(Butterfly Farm)이라는 단어는 매혹적으로 다가왔다.

이미 우리에게 익숙한 나비박사 석주명(1908년 10월 17일~1950년 10월 6일), 함평나비대축제(1998년)와 달리 낯설고 새로운 곳으로 다가온 것이다.

페낭 국립공원 트레킹 길

그가 나비의 아름다움을 찾아서 말레이시아 전역을, 동남아시아 열대 우림지역을 다녔던 길을 입구에서부터 화살표로 안내를 한다. 마치 손에 잡힐 듯 잡히지 않는 나비의 날갯짓을 따라서 숲속 샛길로 트레킹을 하듯 화살표의 경로를 따라가면 자연지대(Natureland)라고 이름을 붙인 야외정원이 기다린다. 자연지대에는 하양, 깜장, 빨강, 파랑, 노랑 등 서로 어우러져 있으면서도 단색으로 선명하게 빛나는 날개를 고이 접거나 펼쳐서 나뭇가지나 꽃잎에 머무르고 앉아 있는 나비들, 화사한 빛깔을 에어브러시처럼 뿜어대면서 날갯짓을 하면서 날아다니는 나비들로 가득하다.

나비들은 샛길 곳곳에 있는 음악과 시냇물이 서로 어울려서 흐르는 작은 우리 속에서 자신을 알리는 표지판을 내걸고 사마귀와 메뚜기 등 곤충들, 개구리와 두꺼비 등 양서류, 악어와 도마뱀 등 파충류와 함께 살아간다. 그렇게 어울려 살아가는 나비는 1,100 종류와 10,000 마리가 넘는다.

나비농장 자연지대에 서식하고 있는 카멜레온

그 많은 나비를 어떻게 수집했을까?

그는 나비의 멸종이 수집이 아니라 서식지의 파괴에 있음을 알고는 번식으로 방향을 바꾼다.

가난으로 직장을 전전하면서도 잦은 수집 여행을 다니면서 그는 번식에 몰두하여 대량 육성의 길로 접어들자 표본을 만들어서 기념품 가게를 열고는 나비의 아름다움을 널리 알리고자 한다.

1981년 어느 여름날 행운은 우연히 가게의 출입문을 열고 들어온다. 당시 페낭 바투 페링기(Batu Ferringhi) 해변에서 휴식을 즐기던 C.파렐(Clive Farrell, 1948년 생)이 기념품 가게로 우연히 들어선다.

런던 버터플라이 하우스(London Butterfly House, 1981년 설립)를 비롯하여 나비보존가와 수집가로서 널리 알려진 파렐과 우연한 만남으로 그는 1986년 3월 열대 지방의 첫 번째 나비하우스 페낭 나비농장을 설립하고 공개한다.

농장의 일층은 자연환경과 잘 어울리면서 살아가는 나비들의 삶을, 이층은 그 나비들에게 생명을 부여하는 번식과 육성의 과정을 보여준다.

나비들이 다른 동물과 함께 살고 있는 야외 자연지역을 지나서 이층으로 올라가면 고치(Cocoon)라고 이름을 짓은 실내 발견센터로 간다.

자연 속에서 화려하고 다채롭게 살아가고 있는 나비들이 성냥갑 같은 작은 상자 속에 미라(mirra)로 누워 있거나, 매우 작고 가느다란 침으로 꽂혀서 공동묘지를 이루어 유리 상자 속에 있다. 그 상자를 들어다 보면 나비는 자기의 생활 주기와 생활사, 집안의 가계와 고향이나 신화 및 전설 속의 장소 등을 나무 표지판으로 보여준다.

고치를 벗어나서 농장 밖으로 나오는 길목에는 나비의 일생을 그린 시네마 룸, 자연 애호가를 위한 전문 매장, 개인 수집을 위한 표본 판매소, 나비 관련 용품을 판매하는 기념품 가게 등이 있다.

나비 날갯짓의 아름다움을 찾아다니다가 자연과의 조화를 이루고 열정으로 살아가고 있는 한 낯선 페낭인의 삶까지 느끼고 나비농장을 나오자 석양이 붉게 타올랐다.

그 후 나비농장은 그와 아들 조셉(Joseph Goh)의 노력으로 엔토피아(Entopia, 곤충유토피아)로 거듭난다. 엔토피아는 자연과 조화를 이루어 가면서 살아가기를 비전으로, 자연에 대한 열정과 최선을 다한 동행을 행동가치로 설정하고 있다.

다음 날 아침 고산지대 카메런 하일랜드(Cameron highland)로 길을 나선다. 고산지대에 가야만 자연과의 조화로운 순간을 느낄 수 있을까?

대도시의 쌈지 공원에서는 그 순간을 느낄 수 없을까?

도시 곳곳에 흩어져 있는 자투리땅을 쌈지 공원으로 만들어서 공원의 도시로 거듭날 수는 없을까?

나비농장에서 거듭난 엔토피아

대학문화

타르투,
대학문화가 도시 전역으로 퍼지다

여정을 짜면서 검색을 통해 얻은 방문 국가와 도시에 관한 정보와 실제 현장이 꼭 일치하는 것은 아니지만 에스토니아 타르투(Estonia Tartu)는 거의 틀리지 않는다.

검색을 하면 그 도시를 설명하는 주요어가 타르투 대학교(University of Tartu)와 민족(문화)운동의 발생지에 한정되어 있다.

점심 무렵 버스터미널에서 내려 에마여기(Ema 어머니 + jõgi 강) 강변을 따라 구시가지로 들어가면서 여기저기 식당을 기우거릴 때 셰익스피어(Shakespeare)와 와일드(Wilde)라는 간판이 손짓을 하듯 기다리고 있다.

카페 셰익스피어로 먼저 발길을 돌리자 에스토니아 최초의 근대 극장 '바네무이네(Vanemuine)'의 설립자이면서 연출가 메닝(Lavastaja Karl Menningu, 1874년 4월 29일~1941년 3월 5일)의 조각상이 원반 위에 서서 주위를 회전하면서 둘러보고 있다.

그 곁에는 있는 작곡가 투빈(Eduard Tubin, 1905년 6월 18일~1982년 11월 17일)과 무명의 음악가 조각상은 예술 창조의 직관을 기다리는 듯 가만히 서 있거나 앉아 있다.

이어 발길이 멈춘 곳은 와일드라는 간판이 서 있는 곳이다. 간판에는 '와일드의 포도주, 예술 · 포도주 · 레스토랑'을, 벽면에는 '무료 와이파이'

(Wi-Fi)가 적혀 있고, 옆에는 두 명의 와일드가 의자에 앉아 서로 마주보고 있는 동상과 설명문이 붙어 있다.

서로 한 번도 만난 적도 없이 단지 성의 철자가 똑같다는 이유로 마주보고 있는 아일랜드 오스카 와일드와 에스토니아 에두아르드 바일드

아일랜드 오스카 와일드(Oscar Wilde, 1854년 10월 16일~ 1900년 11월 30일)와 에스토니아 에두아르드 바일드(영문 이름 Eduard Wilde, 1865년 3월 4일~ 1933년 12월 26일)는 서로 한 번도 만난 적도 없이 단지 성의 철자가 똑같다는 이유로 마주보고 있다.

와일드 카페에서 포도주 대신 맥주를 원하자 웨이터는 지역 맥주 알레꼬끄(A.Le Coq)을 마시고 분수대로 가면 키스하는 연인들을 더 예쁘게 볼 수 있다고 농담을 한다.

우리나라 거리에서도 키스를 하는 학생들도 볼 수 있다고 하면서 발걸음은 그냥 '키스하는 학생의 분수대'(Kissing Students Fountain)를 찾아서 간다.

1948년 시청사 앞에 분수대가 먼저 건립되고, 1998년 조각가 카르민(Mati Karmin, 1959년 2월 26일 생)이 '키스하는 학생'이라는 조각상을 세운다.

분수대에 도착하자 키스하고 있는 조각상을 바라보며 휘날리는 물의 세례를 받으면서 키스의 열기를 식히고 있는 연인들이 아름다운 자세로 서 있다.

키스의 장면들이 있어 대학도시답게 느껴지는 것은 웬일일까?

시청사 앞에 분수대에 건립된 '키스하는 학생'

도시 한 가운데 자리 잡은 타르투 대학교가 있는 토메매기(Toomemägi) 언덕길이 선명하게 다가온다.

1632년 스웨덴 구스타브 2세 아돌프(Gustav II Adolf, 1594년 12월 9일~1632년 11월 6일)에 의해 건립된 대학교로 가는 언덕길을 오르면 천사의 다리(Angel's Bridge, 1814년)를 지나고 곧 바로 가면 악마의 다리(Devil's Bridge, 1808년, 1841년)가 나온다.

19세기에 이르러서 학생들은 합창단 공연을 위한 플랫폼으로 다리를 사용하다가 그 교량 사이에서 서로 마주보며 노래 부르기를 경연한다.

그 경연이 도시 전체로 퍼져 나가면서 1869년 라울루피두(Laulupidu, 에스토니아 노래 축제, 1869년)로, 1991년 발트 3국의 독립을 가져다 준 노래혁명으로 확산되어 간다.

천사의 다리와 악마의 다리 사이에 있는 대학은 학생들이 입학과 졸업 사이에서 거치는 면학의 분위기를 상징하고 있는 것 같다.

천사의 다리

악마의 다리

학생뿐만 아니라 교수들도 비슷하지 않았을까?

갓 시작했을 때는 밝고 희망찬 천사 같은 분위기였겠지만, 성취를 앞둔 마지막 단계에서는 악마를 대한 것처럼 힘들지 않았을까?

그 흔적들이 다리 사이에 있는 역사와 문화 유적들 예컨대 건물, 박물관, 미술관, 기념관, 식물원, 동상, 묘지 등에 숨어 있다.

천문학의 대가 스트루브(Wilhelm von Struve, 1793년 4월 15일~1864년 11월 23일)에서부터 현대 문화기호학의 창시자 유리 로트만 (Yuri Lotman, 1922년 2월 28일~1993년 10월 28일)에 이르기까지 교수들은 그 학문의 업적을 쌓아가고 있다.

그 업적들은 대학본관과 관련 단과대학 건물 내외의 벽면에 사진으로 기록하고 있다.

그 기록에 그치지 않고 19세기에 건립된 회의장(Assembly Hall)의 벽면을 학교를 잠시라도 거쳐 간 저명인사들 피아니스트 리스트(F. Liszt)을 비롯하여 달라이 라마의 성하(Dalai lama) 등으로 벽면을 장식하고 그 연설을 언제나 들을 수 있도록 만들어가고 있다.

1632년에 설립된 타르투 대학교에서 채 100년의 역사도 되지 않는 부산지역 대학교가 나아갈 길을 물어보는 것 자체가 성립하지 않을지도 모른다.

불온서적으로 금서가 되었지만 7080세대에게는 필수가 되었던 E.H.카(Carr, 1892년 6월 28일~1982년 11월 3일)의 '역사란 무엇인가'에서 던진 명제–'역사란 과거와 현재 사이의 끊임없는 대화이다.'를 되새긴다.

부산 지역대학과 그 구성원은 어떠했는가?

현재는 어떤가?

여행은 가끔씩 과거를 되돌아보게 하고 질문을 던지면서 스스로를 부끄러워하곤 한다.

타르투 대학교 예술대학 외벽에 사진으로 장식된 출신 교수와 예술가들

동상

부다페스트 다뉴브
강변 산책로 동상을 따라서 역사를 걷다

다뉴브 강변 사책로 안내 표지판

온천천을 산책하듯 걸어서 출퇴근을 하다가 시간적 여유가 있으면 카페에서 커피를 마시면서 바깥 풍경을 물끄러미 바라보고 있을 때 갑자기 부다페스트(Budapest, Hungary) 다뉴브 강변 산책로(Old Danube Promenade)의 풍경이 떠오른다.

온천천이나 수영천의 천변 지역에 그려져 있는 그라피티들, 청동 조각, 실사스크린, 타일, 천자문 등으로 구성된 벽면들, 가끔씩 보이는 돌 표지와 기념 비석 등들이 왜 설치되었는지, 설치된 장소와 어떤 관계가 있는지 생각이 꼬리를 물자, 다뉴브 강변산책로의 풍경이 겹쳐 떠오른다.

세병교에서 안락교에 이르기까지 하나둘씩 늘어나는 카페들이 천변풍경과 어울려서 '핫스팟'(Hot Spot)이 될 수 있을까? 뉴욕타임스가 '올해 가봐야 할 52곳'(2017년 1월 4일) 가운데 48위로 전포동 카페거리를 선정하면서 '도시의 독립적인 디자인이 없는 부산에서 디자인 핫스팟으로 변했다"고 설명한 만큼 온천천이 카페거리를 형성할 수 있을까?

그 기사를 떠올리면 우리 언론에서는 그런 각도에서 관심받지 못한 지역을 선정한 뉴욕타임스 버그만(Justin Bergman) 기자의 안목에도 놀랍지만 '헝가리 부다페스트'가 왜 '50위'로 선정되었는지도 궁금했다. 부다페스트를 50위로 꼽은 기사에서 담당자 아캄(Alia Akkam) 기자는 '레스토랑, 보석, 전자제품, 숙박시설'로 살아나는 도시의 역동성을 선정이유로 밝혔다.

다뉴브 강변 산책로만큼 온천천 천변지역과 풍경이 어울리는 '핫 스팟'이 될 수 있을까?

밤의 엘리자베스 다리

몇 년 전 여름, 부다페스트를 떠나 다른 지역으로 이동하기 위해 중앙시장에서 필요한 물품을 구입하고 시간이 남아서 강변으로 나가자 그간 하나하나에만 관심을 두었던 동상 등이 전체로 보이기 시작했다.

엘리자베스 다리(Elisabeth Bridge)에서 1944년 나치에 의해 체포되어 부다페스트에서 유태인들의 생존을 위해 자신을 희생한 제인 해닝(Jane Haining, 1897년 6월 6일~1944년 8월 16일)의 이름을 빌어서 명명한 강변길을 따라 채 2km도 되지 않는 거리에 있는 체인 다리(Chain Bridge)까지, 다뉴브 강변 산책로가 하나의 스토리텔링으로 다가온다.

엘리자베스 다리는 44년 동안 오스트리아와 헝가리를 통치한 엘리자베스 여왕(1837년 12월 24일~1898년 9월 10일)을 기념하고자 1897년과 1903년 사이에 지은 다리이다.

다리에서 200m쯤 가면 시인이자 자유주의 혁명가 샌도르 뻬쩨피(Sandor Petofi, 1823년 1월 1일~1849년 7월 31일) 동상을 만난다. 그는 '국가의 노래(Nemzeti dal)'에서

> 우리는 지금까지 노예였습니다.
> 우리 조상들은 저주 받았고,
> 누가 자유로이 살았고 죽었는가,
> 노예의 땅에 안주 할 수 없다.

라고 오스트리아 제국에 대항한 헝가리 혁명(1848~1849년)을 노래한 시인이다.

거기서 채 400m를 못가서 당시 혁명에 참여한 선조의 희생으로 지금은 안락한 삶을 누리고 있는 듯, 조각가 데이비드(Raffay David, 1973년 8월 8일 생)가 청동으로 제작한 '소녀와 강아지(Girl With Her Dog Statue)' 동상을 만난다.

그 옆에는 강변길 기찻길 울타리 난관에 걸터앉아 있는 '작은 공주 동상

조제프 에요브스 동상

(Little Princess Statue)'도 만난다. 조각가 마톤(Laszlo Marton, 1925~2008년)은 '공주처럼 옷을 입고 어깨에 목욕 가운을 얹고 머리에 왕관을 쓰고 정원에서 놀고 있는 여섯 살 딸'을 모델로 그 동상을 제작한다.

천진난만한 장난기 많은 소녀 동상을 힐끔힐끔 보면서 더 가면 작가이면서 정치가인 조제프 에요브스(Jozsef Baron Eotvos, 1813년 9월 3일~1871년 2월 2일) 동상이 기다리고 서 있다. 그는 오스트리아 제국과의 동등한 지위라는 명분으로 헝가리 혁명을 일으킨 정치가로서 자유와 해방을 주제로 많은 작품을 쓴 작가이기도 하다.

동상을 뒤로 하고 강변을 바라보면 체인 다리가 눈앞에 다가선다. 윌리엄 클락(William Tierney Clark, 1783년 8월 23일~1852년 9월 22일)이 설계하고 아담 클라크 (Adam Clark, 1811년 8월 14일~1866년 6월 23일)가 제작하여 후원자 세제니이(István Széchenyi, 1791년 9월 21일~1860년 4월 8일)의 이름으로

1849년 개통한 다리는 당시 기술로는 경이로운 설계로 여겨졌다.

엘리자베스 다리에서 체인 다리까지 옛 산책로에는 '위대한 헝가리인'이라고 불리는 정치가 세제니이(Istvan Szechenyi)의 삶이 스며있다.

부다 지역과 페스트 지역을 하나로 묶기 위한 그의 제안으로 1849년 다리가 개통되고, 헝가리 언어, 예술, 과학의 연구와 발전을 위한 그의 후원으로 1865년 '헝가리 과학 아카데미'가 개관하자, 1867년 강변에 호텔들이 들어서면서 자연스럽게 산책로가 만들어진다.

공산주의가 몰락하자 최초로 민주 선거로 인하여 총리로 선출된 조제프 안탈(Jozsef Antall, 1932년 4월 8일~1993년 12월)의 이름을 빌려서 명명한 길을 따라 아카데미를 지나가면 '다뉴브 강변의 신발들(Shoes on the Danube Bank)'을 만난다.

그 신발들은 제 2차 세계 대전 중 파시스트 민병대에 살해되기 직전이나 살해되면서 다뉴브 강으로 뛰어 들었던 유대인들을 기념하기 위하여 조각가 파우어(Gyula Pauer, 1941년 2월 28일~2012년 10월 8일)가 만든 것이다.

다뉴브 강변의 신발들

개인의 자유와 인권을 죽음으로 몰아넣었던 국가주의, 공산주의를 되돌아보면서 길을 재촉하면 1848년 혁명을 이끌었던 헝가리 민주주의의 아버지, 유럽 민주주의의 투사로 널리 존경을 받았던 코수트(Louis Kossuth, 1802년 9월 19일~1894년 3월 20일)의 이름을 딴 광장과 그의 동상도 만난다.

산책로를 따라서 걸어가다가 역사의 이야기 밖으로 나오고자 하면, 칼만 마클리 미술관(Kalman Maklary Fine Arts, 2005년 설립)에서 예술가들이 만들어 가고 있는 초현실의 세계 속으로 들어가거나, 민족지학 박물관(Museum of Ethnography, 1872년 설립)에서 헝가리인의 일상생활을 보여주는 도자기, 의상, 가구 등 민속의 세계로 들어가기도 한다. 그래도 오스트리아에 굴복한 1848년 혁명, 민주공화국이 사회주의 국가로 바뀐 1919년 혁명, 소련의 침공으로 독립을 상실한 1956년 혁명에서 치룬 처절한 투쟁과 잔혹한 현실이 지워지지 않는다면 '무료 게임 센터'(musement Center)에 들어가서 시간 여행을 떠나자.

콜럼버스 동상

시간 여행에서 되돌아오면 개 앞에서 한 손을 바지 주머니에 넣고 다른 한 손으로 괜스레 머리를 만지고 있는 콜럼버스(Christopher Columbus, 1450년 10월 31일~1451년 10월 30일) 동상을 만나고는 아메리카 대륙을 발견한 위대한 탐험가도 일상 생활인이라고 느낄지도 모른다.

체인 다리를 지나서 엘리자베스 다리에서 걸어 온 만큼 더 가면 마르키드(Margithid) 다리와 강의 모래톱으로 이루어진 마르키드 섬이 기다린다.

부다페스트에서 가장 오래된 공공 다리의 하나로 엔지니어 권(Ernest Guen)이 설계하여 1876년에 개통한 다리이다. 다리의 이름은 몽골의 1차 침입(1241년 4월 11일)에 패배했지만 2차 침입에 대비하여 나라를 재건한 '국가의 두 번째 설립자'로 추앙받는 벨라 4세(Bela IV, 1206년~1270년 5월 3일)의 딸 이름을 그대로 사용한 것이다.

다뉴브 강의 모래톱 마르키드 섬을 중심으로 연결된 다리를 건너며 부다 지역으로 들어선다.

그 길은 제 2차 세계 대전이 끝날 무렵 나치즘에 대항하여 유대인들을 구출한 가톨릭 신부 안젤로 로타(Angelo Rotta, 1872~1965년)의 이름애서 빌려온 것이다. 그 길은 1945년 9월 8백 명의 난민 아동으로 '어린이 공화국'을 창설하여 헌법과 법률도 만들어서 동심의 세상을 건설하려고 한 목사 첼로 가보(Gabor Sztehlo, 1909년 9월 25일~1974년 5월 28일)의 길로 이어지면서 체인 다리에 이른다.

밤의 체인 다리

체인 다리를 지나 제 2차 세계대전 중에 부다페스트에서 적십자 활동을 하면서 적어도 10,000명 이상의 유대인을 구해준 프리드리히 본(Friedrich Born, 1903년 6월 10일~1963년 1월 14일)의 길을 따라서 가면 엘리자베스 다리에 이른다.

옛 산책로의 건너편 길에서는 드디어 역사 밖으로 나와서 종교의 길, 생명 구원의 길로 산책을 하게 된다.

어떤 길이든 길은 시작되고 끝나지만 이어진다. 제로 표지판을 석회암 조각으로 만들고, 그 받침대에 KM(킬로미터)이라는 글자를 새겨 부다페스트까지 모든 도로의 거리를 측정하는 기준점으로 삼는 제로 킬로미터 스톤(The Zero Kilometre Stone)이 국가주의와 공산주의로부터 인간의 자유와 생명의 존엄을 구원받는 출발점으로 다가온다.

그 출발점은 이미 신화에서부터, 독수리로부터 공격을 받아 위험에 처한 뱃속 아기를 구하고 헝가리 부족을 지킨 투룰(Turul, 매의 일종)의 동상에서부터 길을 걷는다.

그 동상을 지나는 동안 조각가 카를리 센니(Karoly Senyey)가 1912년 어느새 자란 아기를 '낚시하는 어린이들의 분수(Fountain of the Fishing Children)'에 새겨 놓았다. 그새 어린이들이 자라서 시인이 되면 가보르(Hogyeszi Dobrentei Gabor, 1785년 12월~1851년 3월 28일)의 동상으로 다시 만날 수도 있을 것이다.

태아에서 어린이로 시인으로 과학자로 생명을 이어주는 길을 따라 가다 보면 옛 산책로의 출발점에 다시 이른다.

언제나 길은 이어져 있고 시작이 끝이고 끝이 시작이듯이 우리의 여행도 그렇게 이어진다. 여행은 아직 끝나지 않았다. 어디로 갈까?

낚시하는 어린이들의 분수

브라티슬라바,
동상과 나눈 이야기들

브라티슬라바 흘라브네 광장 골목길 가게 지붕에 있는 동상

브라티슬라바가 어디세요? 체코슬로바키아예요? 체코세요? 슬로바키아세요? 여행사진을 온라인에 올려서 가족들에게 안전하다는 안부를 전하자마자 친구들의 질문이 이어졌다.

브라티슬라바(Bratislava)가 채 25년도 되지 않은 신생 독립국가 슬로바키아의 수도라고 한다면 친구들은 왜 그곳으로 갔는지 머리를 갸우뚱할 것이다.

근대에는 헝가리 왕국의 수도(1526~1784)였다가, 두 차례의 세계 대전 기간에는 체코슬로바키아의 슬로바키아 주도였다가 1993년부터 슬로바키아의 수도라고 한다면 친구들은 뭔지를 모르지만 고개를 끄덕일 것이다.

자, 떠나자 다뉴브의 아름다움, 작은 거인의 도시라는 별칭을 가지고 있는 브라티슬라바로. 함께

떠나라
낯선 곳으로
아메리카가 아니라
인도네시아가 아니라
그대 하루의 반복으로부터
단 한 번도 용서할 수 없는 습관으로부터
그대 떠나라.' - 고은의 시 〈낯선 곳〉 중에서

달을 보지 않고 달을 가리키는 손가락만 보는 습관처럼 여행자들은 관광 명소를 둘러 볼 뿐 그 도시만이 가지고 있는 독특한 체취를 느끼지 못할 것이다.

브라티슬라바의 독특한 체취를 느낄 수 있는 것은 구시가지 골목길을 건성건성 둘러보는 여행자들을 맞이하는 동상들이다.

조각가 빅토르 훌릭이 1997년 6월 26일에 세운 동상 '엿보는 자'

그 동상들은 때

로는 흉측한 괴물의 모습으로 때로는 친절하고 상냥한 신사의 모습으로 구시가지의 중심 흘라브네 광장(Hlavne namestie) 골목길에 숨어서 여행자들을 엿보거나 몰래 사진을 찍거나 인사를 하거나 자유로운 몸짓으로 맞이한다.

작업 중이라는 팻말과 함께 맨 홀에 턱을 괴고 앉아서 지나가는 사람을 지켜보면서 휴식을 취하고 있는 소방관은 여행자를 자유롭게 내버려 두지 않는다. 소방관의 별명은 '엿보는 자(peeping)'이며 그 동상의 원명은 '직장인'(Man at Work)이다.

그는 두 가지 소문을 달고 다닌다. 그 소문은 그가 하고자 하는 일에 전혀 방해를 받지 않는 전형적인 공산주의 시절의 노동자였다거나 소방 작업을 하면서 여인의 치마 속을 엿보고 있다는 것이다. 그 동상은 조각가 빅토르 훌릭(Viktor Hulík, August 13, 1949년 8월 13일 생)이 1997년 6월 26일에 세운 것이다.

여행자를 엿보는 사람은 또 있다.

에스엔페 대교의 전망대 UFO 레스토랑에 있는 파파라치 동상

소방관과 함께 라드니치나 거리 구석 레스토랑 옆 숨어 있는 파파라치 동상이다. 불행히도 레스토랑이 폐업을 하자 주인은 그를 구시가지로부터 도나우강 너머 에스엔페 대교의 전망대에 있는 UFO 레스토랑으로 이주시켰다.

파파라치가 보고 싶지만 그 전망대 레스토랑을 갈 여유가 없어 실망할 때, '아름다운 나스'가 여행자들에게 미소를 보낸다.

짝사랑한 여인으로부터 결국 사랑을 되돌려 받지 못한 이그나즈의 동상

그는 거리의 모든 동상들 가운데 실제 인물이다. 그는 프레스부르크(브라티슬라바의 옛 지명)에 살았던 이그나즈 라마르(Ignaz Lamar, 1897년 8월 11일~1967년 10월 23일)였다. 그는 아름답고도 슬픈 사랑의 소문 속에 있었다. 짝사랑한 여인으로부터 결국 사랑을 되돌려 받지 못한 그는 미쳐갔고 세드라르스카 거리를 지나가는 여인들에서 모자를 벗어들고는 꽃을 받쳤다. 아름다운 사랑의 이야기가 사람들에게 전해지고 널리 펴지자 1997년 카롤 크르머(Karol Krcmar)는 그의 옛 사진을 그대로 본떠서 디자인 한 것

을 조각가 유라이 멜리스(Juraj Melíš, 1942년 6월 13일~2016년 11월 22일)가 메이어 카페 앞거리에 '아름다운 나즈'라는 동상을 세운다.

그는 이제 비바람의 모진 세월을 견디는 오매불망 동상이 되어 사랑을 잃고 홀로 지나가거나 서로 부대끼며 속삭이는 연인들에게 모자를 벗고 사랑의 꽃을 받치고는 웃고 있다. 그는 아직도 그녀의 사랑을 기다리고 있을까?

우체국에 가면
잃어버린 사랑을
찾을 수 있을까
그곳에서 발견한
내 사랑의
풀잎 되어 젖어 있는
비애를,
지금은 혼미하여
내가 찾는다면
사랑은 또 처음의
의상으로
돌아올까'
- 이수익의
〈우울한 샹송〉 중에서

이그나즈의 짝사랑을 되찾으려 다뉴브 강을 따라서 이어지는 산책길로 접어들면 그 입구에 우체통이 나온다. 우체

우체통에 걸터앉아서 사랑의 편지를 기다리는 한 여인과
그녀를 애처로이 바라보고 있는 동상

통에는 사랑의 편지를 기다리는 한 여인이 걸터 앉아있고 또 한 여인은 그녀를 애처로이 바라보고 있다.

그녀의 연인은 누구일까? 허버트일까?

1805년 허버트(Hubert)는 나폴레옹 군대의 일원으로 와서는 한 여인과 평생 사랑을 나누면서 스파클링 와인(sparkling wine)을 제조하며 살아간다. 그녀와의 스파크가 일어나는 사랑을 한 허버트는 죽어서 모든 슬로바키아 사람들에게 널리 알려진 스파클링 와인의 대명사가 되었다.

군사 점령지에서 주둔 병사와 지역 여인 간의 사랑은 언제나 풍문으로 전해지는 이야기이며 누구든 이야기를 만들어가는 전설이다.

1997년 그 전설을 조각가 유라이 멜리스(Juraj Melíš)가 '나폴레옹 군대의 군인'

1805년 나폴레옹 군인으로 한 여인과 사랑에 빠져 정착한,
슬로바키아 스파클링 와인의 대명사가 된 허버트 동상

(Napoleon's Army Soldier)이라는 이름으로 동상을 세운다. 이제 허버트는 젊은 날의 군복을 입은 동상이 되어 벤치에서 사랑스러운 그녀를 아직도 기다리고 있다.

골목길 구석이나 거리의 가장자리에서 소담스러운 이야기를 건네는 동상들을 지나서 흐비쯔도슬라보브 광장으로 나오면 또 동상들이 기다리고 있다. 그 광장에 서 있 동상들은 평범한 일상으로 살아간 사람들이 아니라 역사 속에서나 만날 수 있는 우상들이다. 그 우상의 동상은 브라티슬라바에만 있는 것이 아니다.

세계 어느 도시를 가도 물론 부산지역에도 역사적 인물들은 동상으로 대로변에 버티고 서 있다. 시민들은 이제 그 동상들에게 눈길조차 주지도 않고 이야기조차도 하지 않는다.

그다지 멀지도 않은 작은 촌락이었을 때 살았던 평범함 사람들, 역사의 격변을 겪으면서 가슴 뭉클한 삶을 살았던 사람들 그 사람들의 온기를 골목골목에 느끼고 싶다.

이념의 논리로 세운 역사적 인물의 동상을 파괴하고 도시의 거리에서 골목에서 삶의 향기가 스며있는 평범함 사람들을 만나고 싶다.

여행자들은 거리에서 책 속의 인물이 아니라 평범한 사람들의 이야기를 가슴에 묻고 자기를 되돌아본다.

브로츠와프,
난쟁이 동상의 미로

다음은 어느 도시일까?

2015년 유네스코 문학도시

2016년 유럽 문화수도와 세계 책 도시, 연극 올림픽과 유럽 영화상 및 세계 브리지 게임 개최.

2017년 국제도서관협회의 국제학술대회와 월드 게임(올림픽 경기에 채택되지 않은 스포츠의 종합 국제 경기대회)의 개최 예정.

폴란드 브로츠와프(wroclaw)이다.

구시가지 중심 시장광장

브로츠와프의 문화예술은 브람스의 〈대학 축전 서곡〉(1880)에서부터 시작된다고 하면 지나친 것일까?

그 곡은 그가 브레슬라우 대학교에서 명예 철학박사를 받은 답례로 작곡하여 그 학교의 특별 연주회에서 직접 초연을 지휘했다는 곡이다. 그 가운데 제4곡 기쁨의 노래는

> 슬픔은 사라져라.
> 미움도 사라져라.
> 악마는 사라져라.
> 우리 학교에 대항하는 그 누구라도
> 그것을 비웃는 그 누구라도 사라져라.

라는 합창으로 맺는다. 곡을 초연한 이후(1884년 1월 1일) 대학교에서 '슬픔, 미움, 악마, 비웃는 자'는 사라졌을까?

1945년 종전 직후 독일 브레슬라우에서 폴란드 브로츠와프로 바뀌었지만, 그 '악마'들은 자유국가로 독립한 1989년 직전까지 50년을 대학교에 머물러 있었다.

그 악마들은 스탈린식 공산주의체제이다. 악마를 쫓아내기 위하여 학생들은 거리의 벽마다 우스꽝스럽고 터무니없는 난쟁이 그림을 그리기 시작한다.

학생들은 벽화 위에 반정부 슬로건을 낙서로 덧붙이면서 시민들과 연대하여 소집단을 이룬다.

그 지도자 발데마르 프드리치(Waldemar Fydrych)는 '교회, 감옥, 거리'만이 자유를 느낄 수 있는 곳이라고 하면서 '왜 사람들이 난쟁이들의 불법적인 모임에 참여해야 하는지'를 외친다.

그 외침은 반정부 낙서로 분칠한 벽화 속의 난쟁이들과 오렌지색 모자를 쓴 시위 행렬로 전국으로 퍼져 나간 오렌지 대안운동(Orange Alternative

Movement)의 시작이다.

난쟁이는 체제에 억눌려 생존마저 위협받는 폴란드인들을, 오렌지색은 공산주의의 붉은 색과 가톨릭교의 노란 색을 함께 섞어서 민중을 억압하는 지배층에 대한 비판을 상징하는 것으로 전국에 퍼진다.

1981년부터 시작된 운동은 거리 해프닝과 함께 1987년에 이르러서 정점을 맞는다.

그 해 오페라 축제가 열리고 있는 거리의 한 켠에서 '화장지의 분배'(Distribution of Toilet Paper)라는 해프닝이 행해진다. 그 해프닝은 화장지마저 한 장을 여러 조각으로 찢어서 나누어 쓰는 현실을 풍자한 거리 행위예술이다.

2001년에 건립된 난쟁이 동상의 첫 작품 파파 난쟁이

다음해 1월, 공산체제의 억압으로부터 식빵조자 배급받지 못한 시민들은 거리로 쏟아져 나와 오렌지색 모자를 쓰고 '난쟁이들의 혁명'

을 외친다. 그 혁명은 공산당의 계엄령으로 잠시 좌절하지만 다시 부활한다.

2001년 난쟁이들은 거리벽화에서 청동 동상으로 부활한다. 그 첫 동상 파파 난쟁이가 오렌지 혁명의 출발지 스비드니츠카 거리에서 세워진 것을 시작으로 브로츠와프 대학교 앞에 5개의 동상이 자리한다.

난쟁이 동상은 골목 모퉁이, 길거리 벤치, 가로등, 가게, 가옥이나 빌딩의 유리창이나 입구 등 어디라도 자리하고 숨는다.

난쟁이들은 구시가지 중심지역에서 자기가 서 있어야 할 곳을 미리 알았다.

소방관 난쟁이 2인조는 1976년 화재로 복원 중인 성 엘리자베스 성당 앞에서 아직도 불을 끄는 있다. 그 성당 앞 노천카페 사이 기타를 치고 있는 친구 곁에서 턱을 괴고 엎드려 바라보고 있는 2인조 난쟁이, 그 건너 구석진 곳에는 차를 마시는 난쟁이, 보드카와 맥주를 마시는 술꾼 난쟁이 2인조도 자리하고 있다. 그리고 밤이 오면 도시를 밝히는 가로등 램프에도 난쟁이가 매달려 있다.

동상으로서 있는 곳에 얽히고 설킨 이야기마저 없는 난쟁이들은 흥미로운 자세로 사람들의 시선을 유혹한다.

TV를 보면서 휴식을 즐기는 노인, 무슨 책인지 뭔가를 열심히 보고 있는 성직자, 배낭을 메고 여행을 떠나는 사람, 누군가에게 줄 행운의 열쇠를 들고 그 주인을 찾지 못하고 앉아서 쉬고 있는 난쟁이, 풀밭에 누워서 다리를 꼬고 있는 난쟁이 등등도 곳곳에 숨어 있다.

구시가지의 중심 시장광장에서 휠체어를 탄 사람, 장님, 벙어리의 3인조 개막식(2008년)이 이루지자 난쟁이들은 시민의 곁으로 다가 온다.

2008년 난쟁이 동상의 개막식의 대상이 된 휠체어를 탄 사람, 장님, 벙어리의 3인조 동상

오드라 강을 오르내리는 유람선 선장실 창문에는 배의 키를 조종하는 난쟁이, 자동차의 운전석 앞 창문에는 기도를 드리는 난쟁이, 여행자 숙소의 벽에는 그네 위에서 그림을 그리고 있는 난쟁이 등등이 있다.

난쟁이 동상은 해마다 9월이 오면 축제의 중심이 된다. 난쟁이는 저항문화운동의 벽화에서 시민혁명의 상징을 거쳐 시민의 부적으로 축제와 함께 있다. 난쟁이 동상은 브로츠와프 도시의 문화 브랜드가 된 것이다.

난쟁이 동상이 도시 전역에는 아니지만 특정한 지역 공원 곳곳에 세워진 것은 1715년 오스트리아 잘츠부르크이다. 그 정원은 영화 〈사운드 오브 뮤직〉의 촬영지인 미라벨 궁전에 연결되어 있는 미라벨 정원(Mirabell Gardens)의 일부이다. 그 별칭으로 공원 곳곳에 난쟁이 동상이 있어서 난쟁이 정원(Zwerglgarten)이라고도 부른다.

당시 대주교에게 선물로 받쳐진 동상들은 바이에른의 국왕 루드비히 1세(Ludwig I, 1825년~1848년 재위)에 의해 흉물스럽다고 버려지고 현재 10여개 정도만 남아 있다. 난쟁이 정원과 난쟁이 동상은 잘츠부르크 도시문화 속으로 들어갈 틈이 없다.

여행자들에게 브로츠와프는 난쟁이 동상과 동의어가 되어 있다.

우리 지역 도시 부산의 문화브랜드는 무엇인가?

중앙동 40계단 부근에 있는 조각상들인가?

오스트리아 잘츠부르크 미라벨 정원의 난쟁이 동상

문명과 역사

유카탄 반도,
문명과 야만의 공존 지역

환력 여행이라고 자칭하여 중남미로 출발하여 첫 발을 디딘 곳이 미국 로스앤젤레스를 거쳐서 간 멕시코의 수도 멕시코시티(Mexico City)였다.

고대 중남미 마야(Maya), 아스텍(Azteca), 잉카(Inca) 문명의 역사와 문화의 흔적을 볼 수 있다는 어설픈 소망으로 시작한 여행은 한인촌 소나로사(Zona Rosa)의 한 커피숍에서 산산이 깨어졌다.

마야족 '신의 탄생지'라는 뜻을 가진 테오티와칸(Teotihuacan)에서 태양 및

테오티와칸의 태양의 파리미드

달의 피라미드와 그 중심 도로 '죽은 자의 거리(The Avenue of the Dead)'를, 또한 마야 족의 일원인 '이트사 족의 샘물 입구'라는 뜻을 가진 치첸이트사(Chichen-Itza)에서 종족 신화에 나오는 뱀의 이름을 빌린 쿠쿨칸(Kukulkan) 신전 등을 들러볼 때, 중남미 고대문명은 '여러 신에게 산 사람의 생명을 받치는 것(인신공양)', '거대하고 균형 잡힌 건축물'과 '화려한 조각 장식'(피라미드) 등으로 구체화 되는 것 같았다.

치첸이트사 엘 카스틸로

다음 날 역사지구를 중심으로 위대한 사원(Great Temple)이란 뜻을 가진 템플로 마요르(Templo Mayor)와 중앙광장 중심에 우뚝 선 매트로 폴리타나 대성당(Catedral Metropolitana)을, 1325년(혹은 1345년)에 건설되었다는 아스텍 왕국의 수도 테노치티틀란(Tenochtitlán)를, 제국의 신화에 등장하는 창조신 네 명 중 가장 강력한 힘을 가진 신 우이칠로포츠틀리(Huitzilopochtli) 등을 둘러보고는 그 소망은 더 구체화 되어가는 것 같았다.

지친 숨을 잠시 가다듬기 위해 커피숍으로 가서 유적지 안내 팸플릿을 밀쳐놓고 창밖을 보고 있을 때, 갑자기 '꼬레아노?'라는 말이 들렸다. 듣는 둥 마는 둥 했던 그 말이 30년 전으로 되돌아가서 '애니깽'이라는 단어를 떠오르게 한다.

그 단어는 황현(1855~1910년)의 "매천야록"(국사편찬위원회, 1955), 주요섭의 소설 "구름을 잡으려고"(1935년 2월 17일~8월 4일), 김호선 감독의 영화 "애니깽"(1997년 12월 13일 개봉), 김상열(1941년 8월 8일~1998년 10월 26일)의 희곡 "애니깽"(1988), 김영하의 소설 "검은 꽃"(2003), 문명숙의 "에네껜 아이들"(2009) 등으로 꼬리를 물고 이어졌다.

유카탄 반도의 기찻길

여정도 자연스럽게 마야문명이 번창했던 유카탄(Yucatan) 반도로, 식민지 조선인의 애니깽(Henequen, 용설란의 일종)으로 다가선다. 마야 문명의 유적과 일본제국의 야만, 식민지 조선의 흔적이 공존하는 유카탄 반도로 떠난다.

1905년 4월 4일 화물선을 타고 제물포(현재 인천)를 떠나서 5월 15일 살리나스 크루즈(Salinas Cruz)에 도착한 조선인들은 기차와 배로 약 1,100km 떨어진 프로그레소(Progreso) 항구에 내린 다음 반도의 깊은 내륙 지역에 자리하고 있는 애니깽 농장으로 보내진다.

마야 언어로 '원숭이의 장소'라는 뜻의 테막스(Temax), '그의 네 마리 원숭이들'이라는 뜻의 막스카누(Maxcanu), '오직 대답만'이라는 뜻의 우눅마(Hunucma)로 보내진 조선인들은 반도의 원주민 마야족, 북부 소노라(Sonora)주에서 강제로 끌려 온 야키족(Yaqui)과 함께 백인 농장주에게 그 도시의 지명에 어울리는 노예의 삶을 강요당한다.

메리다 한국이민사박물관에 전시된 이민 그림

농장과의 노동계약이 끝나자 식민지 조선인들은 스페인 정복자 몬테호(Francisco de Montejo)와 그의 아들 레온(Leon)이 '다섯 개의 언덕'이라는 마야 제국의 이치칸제호(Ichcaanziho)에 세운 식민 도시 메리다(Merida)에 정착하거나 브라질, 아르헨티나, 에콰도르, 쿠바, 파라과이, 페루 등으로 길고 긴 방랑의 삶을 시작한다.

조국의 상실과 무국적 이주민의 삶을 살면서 조선인들은 메리다에서, 남미에서 다시 긴 험하고 힘든 생존을 이어간다.

반도에서 그 발자취를 따라서, 흔적 없는 흔적을 찾아서 약 1,500km의 거리를 기차와 버스 때로는 화물 자동차 등에 편승하여 다니면서 마지막에 도달한 곳은 칸쿤(Cancun)이다.

반도의 북서부 메리다에서 북동부로 칸쿤으로 가는 기차에 연결된 차량처럼 끊임없이 이어지는 질문은 식민지 조선인이 꿈꾼 것은 무엇인가?

나라를 되찾는 것인가 아니면 새로운 나라를 얻는 것인가? '나'와 '나라'라는 말이 서로 뒤엉켜 수많은 질문을 만들어낸다. 그 질문에 스스로 지쳐서 도착한 곳이 칸툰(Cancun)이다.

'무지개가 끝나는 곳에 있는 배'라는 뜻의 마야어인 칸쿠네(Cancune)에서 식민지 조선인에게는 '배'는 애니깽 농장으로 가는 노예선이었다.

한국인인 내게 그 '배'는 6 · 25 전쟁 후 포로 교환 협정에서 남한과 북한이 아니라 제3국 브라질, 아르헨티나, 쿠바 등 남미 국가들로 보내달라는 선택을 했던 한민족의 흔적을 되짚어 보고 싶은 희망으로 다시 이어졌다.

내 고향에서라도 이제 오래된 과거를 지워서는 절대 안된다 라는 바람을 가지고 환력 기념으로 정한 남미 여행은 현재의 뿌리를 찾아가는 여정으로 되돌아 간다.

해변휴양지 칸쿤의 밤

쿠스코에서 맞추픽추로,
문명의 성쇠를 따라서

쿠스코 아르마스 광장

해발 3,300미터에 위치한 쿠스코(Cuzco) 공항에 내려 시내 중심 아르마스 광장(Plaza De Armas) 부근에 숙소를 잡고 누에보 문도(Nuevo Mundo) 커피숍에 앉아서 그 상호의 뜻처럼 신세계, 이제는 사라진 잉카제국과 잉카문명의 오래된 신세계로 들어갈 길을 눈동냥하고 있었다.

여정을 쿠스코에서 마추픽추로 가는 투어로 정하고 광장으로 나서자 우리에게 너무나 익숙한 음악이 들려 왔다.

> 오! 하늘의 주인, 위대하신 콘도르여.
> 나를 고향으로, 안데스 산맥 위로 날아 데려가요.
> 오! 위대하신 콘도르여.
> 잉카의 형제들과 함께 하기 위해 나는 고향으로 돌아가고 싶어요.
> 그게 내가 간절히 원하는 것입니다, 오! 위대하신 콘도르여.
> 쿠스코 광장에서 저를 기다려 주세요.
> 우리가 마추픽추와 와이나픽추를 거닐 수 있도록 해 주세요.

광장 여기저기에서 전통 민요 '엘 콘도 파사(El Condor Pass)'를 피리 같은 잉카의 께나(Quena)로, 여러 개의 케냐를 다른 길이로 엮어서 만든 안타라(antara)로, 혹은 전통 악기와 기타로 번갈아 가면서 연주하고 있다.

나 자신도 모르게 노래를 흥얼거리며 여행사로 가서는 '쿠스코/마추픽추 4박 5일'로 일정을 잡고는 SNS에 올려 가족들에게 안부를 전한다.

여행사의 권유로 일정은 우루밤바 강(Urubamba River)을 따라서 잉카의 유적이 폐허로 남아 있는 피삭(Pisac) 루트 대신 그나마 흔적이라도 볼 수 있는 친체로(Chinchero) 루트로 가는 것이다.

출발지 쿠스코는 스페인의 점령(1572년) 이전까지 제국의 수도였다.

제국의 수도인 만큼 도시는 남미 인디오 아이마라 족(the Aymara)의 신화에 의해 창조된다.

아이마라족의 아야(Ayar) 형제는 도시를 창조하기 위하여 미래로 날아가서 땅의 소유를 표시한 혈통을 남긴다.

이후 도시는 킬케(The Killke)의 킬케 문명(9~12세기), 잉카(The Inca) 족의 잉카문명(13~19세기), 스페인의 가톨릭 문명(19세기)의 세례를 받는다.

도시의 중앙 광장을 출발하여 가장 먼저 도착한 곳이 시내 전체를 내려다 볼 수 있는 삭사와만(Saksaywaman)이다. 이곳은 12세기 킬케 족이 세운 언덕의 요새로서 13세기 잉카 족에게 그대로 전해진다.

세계가 하늘, 땅, 지하로 되어 있고 그곳을 독수리, 퓨마, 뱀이 각각 지배한다고 믿는 잉카 족은 쿠스코를 퓨마의 형상으로, 이곳을 퓨마의 머리 형상으로 받아들인다.

그러나 스페인은 가톨릭으로 개종하지 않는 잉카 족들을 학살하는 처형장으로 사용한다. 이에 용서를 빌 듯 언덕에는 도시를 향해 양 팔을 벌리고 가슴 속으로 품으려는 거대한 예수 상이 서 있다.

페루의 커피 찬차마요(Chabchamayo)를, 비타민 C가 가장 풍부하다는 과즙 카무카무(Camumcamu)를 채 마시기도 전에 다음 여정 친체로(Chinchero)

삭사와만 언덕의 십자가 상

마을로 향하여 발길을 재촉한다.

해발 약 4,000미터에 위치한 마을의 원주민은 제국을 건국한 케추아족(Quechua)이며, 여전히 제국의 전통적인 직물을 생산하고 의상으로 사용하고 있다.

남자들은 붉은 색으로 장식된 판초(Pancho 한가운데에 머리를 내놓는 구멍이 있는 담요 같은 외투)를 입고 여자들은 길게 땋은 머리 위에 둥근 테가 달린 중산모자를 덮어쓰고 있다.

마을 떠나 우루밤바 계곡을 끼고 푸르른 하늘과 흰 구름을 머리에 이고 곧 떨어질 것 같은 좁고 굽은 낭떠러지 길을 따라서 신성한 계곡(The Sacred Valley of the Incas)으로 들어서면 산 속 염전으로 유명한 살리나스 데 마라스(Salinas de Maras)를 거쳐서 모라이(Moray)에 닿는다.

제국 이후에 이루어진 염전을 뒤로 하고 다다른 모라이에서 만나는 것은 제국의 농업 유적이다. 그 유적은 수로를 잘 갖춘 원형으로 된 농작지가 계단식으로 이루어져 있고 그 계단에 따라서 다른 작물을 재배한 흔적이 남아 있다. 제국의 기반인 직물과 농업 생산을 둘러본 다음 기다리는 것은 멸망의 흔적이다.

그 흔적은 스페인의 정복에 저항했던 제국의 지도자 유팡키(Manco Inca Yupanqui, 1516~1544년)의 근거지 오이얀타이탐보(Ollantaytambo)와 아구아스 칼리엔테스(Aguas Calientes)를 거쳐서 가면 마추픽추에 보존되어 있다.

미국 역사학자 빙엄(Hiram Bingham, 1875년 11월 19일~1956년 6월 6일)에 의해 1911년 7월 24일 발견되기 전까지 누구에게도 그 존재를 알려주지 않는 도시.

잉카제국과 잉카문명을 상징하는 늙은 봉우리 '마추픽추'(Machu Picchu)와 젊은 봉우리 '와이나픽추'(Huayna Picchu), 태양과 달의 신전, 신성한 광장과

마추픽추

바위, 천문 시계 인투와타나(Intihuatana) 등을 둘러보고도 그 깊이를 가늠하기 어렵다.

늙고 젊은 봉우리에서 내려올 때 저 멀리서 우리에 갇혀 있는 라마(Lama)가 침을 뱉고 있는 듯, 고산지대에 서식하고 있는 꾸이(Cuy)가 새처럼 높은 음조로 '꾸이, 꾸이' 울면서 바라보고 있는 것 같다.

그 울음이 울려 퍼지는 푸른 하늘에 우리가 살아가고 있는 도시의 옛 국가들, 변진독로국, 거칠산국, 가락국의 이름은 전혀 떠오르지 않는다.

EXPO CAMINITO
Artesanias Argentina
ARGENTINA
Buenos Aires

문화지구

리가 모스크바 거리 창고지구, 오래된 창고에 미래를 보관하다

리가 중앙시장

1997년 유네스코 세계문화유산으로 지정된 라트비아(Latvia)의 수도 리가 역사지구(Historic Centre of Riga)를 둘러보고 게스트하우스로 돌아왔을 때, 정원에 둘러앉아서 배낭 여행자들과 환담을 하고 있던 주인이 한국 당근을 아느냐고 묻는다.

당근을 가장 즐겨 먹는 동물이 말이듯이, 내가 말상처럼 보이는지, 말처럼 쉬지 않고 돌아다녀서 그런지 되물었다.

주인은, 우리 무생채 절임 같은 당근생채 절임을 코레예슈 부르칸스(Korejiesu burkans, 한국 당근)라고 하면서 보여준다.

아마 소비에트 시절 고려인으로부터 내려온 것일지도 모른다고 말을 잇는다.

슬슬 장난기도 발동하고 분위기를 맞추려고 모바일에서 검색하여 심수봉의 노래 '백 만송이 장미'(1997년)를 틀어주니, 주인은 그 리듬이 라트비아의 '마리가 딸에게 준 삶'(Dāvāja Māriņa meitiņai mūžiņu, 1981년)과 비슷하다고 한다.

다시 검색하여 라트비아 노래가 원곡이며, 그 다음해 1982년 러시아가 사랑의 노래로 바꾸어 널리 알려진 것이라고 답하자 주인은 엄지 척을 하듯 자랑스러운 듯 그러나 러시아라는 말에 입을 닫는다.

환담이 끝나자 주인의 권유로 식사하려 중앙시장에 가는 발걸음들이 가볍게 옮겨진다.

리가 버스터미널 뒤편에 있는 중앙시장은 체펠린 비행선(Zeppelin Airship)의 격납고 5개를 특정 상품을 판매하는 부스로 하여 1930년에 개장된다.

카트페유 판쿠커스(kartupeļu pankūkas, 감자 팬케이크)에 코레예슈 부르칸스를 곁들여서 요기를 하자, 습관적으로 눈길을 두리번거리면서 근처에 커피숍이 있는지 찾다가 발걸음은 전찻길 건너 다우가바 강(Daugava River)으로 옮겨간다.

창고 같은 건물들이 줄지어 서 있는 입구 커피숍으로 들어가려다 우연히 눈에 마주친 간판의 문구를 모바일 번역 앱에 입력하자 '창고 지구 재건축(Spikeri Quarter Reconstruction)'으로 나타난다.

재건축이라는 이름 그대로 창고 지구는 1348년부터 라스타지야(Lastadija)라는 무역항으로 사용되다가 그 기능을 잃자 1924년에서 1930년 사이에 재

리가 모스크바 거리 창고 지구

건축되어 중앙시장의 일부로 사용된다.

이후 독일군의 강제점령과 소련의 위성국 시기를 지나서 1991년 독립에 이르기까지 창고 지구를 포함하고 있는 모스크바 지역은 일반 시민들이 거의 근접하지 못하는 우범 지역으로 남는다.

독립 이후, 모스크바 지역은 시민과 관광객이 접근이 가능한 문화와 교육 지역으로 재생하기 위하여 '모스크바 지역과 투르게네프 거리의 개발과 재건' 프로젝트가 시행된다.

그 프로젝트로 창고 지구는 단순히 시장의 상품 판매 공간이 아니라 문화공간으로 탈바꿈한다. 창고 지구는 시장의 일부로서 때로는 벼룩시장과 공예품 시장으로 활용되기도 박물관과 전시관 그리고 예술창작공간이 들어선다.

그 공간들은 가까운 곳에 있는 창고 콘서트홀(Spīķeri Concert Hall)과 더티 딜 독립극장(Dirty Deal Independent Theater)이 있고, 그렇게 멀지 않은 곳에 있는 리가 콘서트홀과 함께 시민과 관광객을 위한 예술 감상의 공간이 된다.

리가 게토 및 라트비안 홀로코스트 박물관

커피숍을 나오자 늘 지어선 창고 사이로 걸어가자 여러 가지 행사를 알리는 포스터가 벽면을 가득 채우고 있다.

종교-성인 조지(Saint George)의 정신의 발견, 시민 건강과 음식-야외 요가로의 초대와 토요 레스토랑 축제, 문화와 예술-백야 현대문화 포럼, 미래 단편 영화제 여름 축제, 예술과 소통 축제, 이브닝 야외극장, 전시-나의 모스크바 지역 사진 전시회, 리가 게토 박물관의 희망의 나무 등등.

창고 건물 벽면에 붙여서 손짓을 하는 그 많은 포스터들 사이를 지나다가 마지막으로 발걸음이 멈추어진 곳은 '리가 게토 박물관의 희망의 나무' 전시회이다.

리가 게토 박물관은 리가 게토 및 라트비안 홀로코스트 박물관(Riga Ghetto and Latvian Holocaust Museum)의 약칭이며, '희망의 나무'는 그 박물관의 상설 전시가 기획 전시이다.

그 전시를 보고자 한 것은 박물관이 창고 지구의 마지막에 위치하고 있다

전시 기획자 베이요 발차르와 전시 주제 '미란다-집시 여인의 홀로코스트'

는 단순한 이유에서이다.

전시 기획자는 집시족 핀란드인 베이요 발차르(Veijo Baltzar, 1942년 6월 9일생)이며, 주제는 '미란다-집시 여인의 홀로코스트(Miranda-The Roma Holocaust)'이다.

그 전시는 유대인을 중심으로 유리 상자와 벽면에 언제나 고정되어 있는 사진이나 서류 같은 문서, 증언집이나 관련 보고서와 연구서가 아니라 음악이나 미술, 영상 등을 통하여 당시 집시의 학살에 관하여 격분을 불러일으키고 현재 인류를 되돌아보게 하는 역동적인 전시이다.

그 전시에서 받은 감동을 가슴에 간직하고 바라 본 새벽 먼동과 같은 백야의 하늘은 도시재생은 과거의 복원으로 박제화 하는 것이 아니라 현재를 통

홀로코스트 집시 희생자의 이름과 사진 등을 등으로 매달아 놓은 전시

하여 미래로 나아가서 과거를 부활시키는 것이라고 말하는 것 같았다.

갑자기 떠오른 생각을 모바일의 메모장에 적어놓고는 스스로 웃음 짓는다.

류블랴나 메텔코바시티 자치문화센터, 일탈·창조·치유의 공간

슬로베니아 류블랴나 메텔코바 거리(Metelkova street, Ljubljana, Slovenia).

거리는 낮에는 뭔가를 강렬하게 절규하는 괴기한 그라피티들과 해독이 전혀 되지 않는 암호 같은 낙서들, 찢어진 조각들이 바람에 서로 달리 파랑이는 포스터들로 가득 찬 벽면들과 폐허처럼 무너져 내리는 몇 채의 건물들로 둘러싸여 있다.

낮의 자치문화센터

그래도 낮에는 이웃 아파트 주민들과 행인들의 왕래, 동시대 예술박물관, 갤러리, 스튜디오, 디자인실, 문화 기관들 등으로 방문객들의 내왕이 드물지 않게 있어 여느 곳과 다르지 않는 거리.

거리는 밤에는 사람들의 왕래도 끊어지고 가로등도 없이 짙게 싸인 어둠으로 낮의 풍경이 더욱더 괴기하여 두려움으로 몸이 떨리고 소름이 돋아나는 듯하다.

그 거리로 하나둘, 서넛 아무렇지 않게 모여들다가 어둠이 짙어질수록 술병을 들거나 술에 취해 비틀거리면서 계속 모여들어 술집 속으로 빨려 들어가는 거리.

밤의 자치문화센터

노천 마당을, 술집 이름을 새긴 간판을 어둠으로 흔적을 지우고는 카페(Cafe), 바(Bar), 펍(Pub)들은 서로 침범하지 않는 독립공간으로 나란히 이웃하고 있다.

공간마다 실황으로 연주하는 음악의 종류가 다 달라서 같은 곳에서는 친구로 밤을 지새울 수 있는 곳.

어떤 곳은 전통적인 재즈를 거부하고 자유로운 즉흥 연주를 하는 프리 재즈(free Jazz)를 통하여 순간적인 감정의 나눔과 그 기쁨으로 밤의 열기에 사로잡히게 한다.

또 어떤 곳은 자신을 억누르는 기성세대와 그 관습에 대한 불만을 대담하고 솔직하게 표현하는 록 음악으로 젊은이들을 열광하게 한다.

젊은이들은 강렬하면서 리드미컬한 연주로 더욱더 다가오는 로커빌리(rockabilly)와 이에 정치적 색깔을 덧붙인 사이코빌리(Psychobilly), 기성 현실 비판을 단순한 곡의 구조와 짧은 노래로 대담하게 표현하는 펑크 록(Punk rock), 세대 간의 차별과 성의 불평등을 굵고 무게감 있는 사운드와 노래로 더욱더 강렬하고 소란스러운 헤비 메탈(Heavy Metal) 등으로 반항심을 표현한다.

자치문화센터의 밤의 열기

메텔코바 거리는 낮과 밤이 서로 다르게 공존하지만 예술가와 젊은이들 그리고 소외 계층을 위한 하나의 자치문화센터를 이루고 있다.

그 시작은 소비에트연방의 해체로 인하여 1991년 슬로베니아가 독립하자 유고슬라비아 군의 슬로베니아 본부가 해체된다.

1993년부터 소수의 소외 계층, 곧 예술가들과 성적 소수자들은 메텔코바 거리에 있던 주둔지를 무단으로 점령하면서 '메텔코바 시티 자치문화센터(Metelkova City Autonomous Cultural Center)'로 명명한다.

거리의 이름을 그대로 사용한 점령자들은 프란 메텔코바(Franc Serafin Metelko, 1779년 7월 14일~1860년 12월 27일)가 '슬로베니아 문자'를 정립한 민족독립정신을 계승하고자 한다.

설립 이후, 특히 성적 소수자들은 인종차별주의자, 이성애자들의 폭력에 시달리지만, 예술가들과 함께 2006년 8월 2일부터 '환경과 공간 계획을 위한 조사단'(The Inspectorate for the Environment and Spatial Planning)을 조직하여 합법적인 센터를 만들어 현재에 이른다.

센터는 예술가들에게는 창조의 대안 공간이며 성적 소수자들에게는 LGBT 커뮤니티의 공간이기도 하다. (LGBT는 여성동성애자 Lesbian, 남성동성애자 Gay, 양성애자 Bisexual, 성전환자 Transgender의 첫 글자를 딴 약자이다.)

그리고 무엇보다도 센터는 현실의 무게를 견디지 못하거나 미래로의 탈출구를 찾지 못한 젊은이들에게는 서로 간의 문제를 함께 걱정하고 토론하고 나누는 곳이다. 적어도 센터에서는 젊은이들은 모든 것으로부터 일탈하고 해방된다.

자치문화센터의 밤의 열기

그 일탈과 해방을 록 밴드 코알라 보이스(Koala Voice)는 '메텔코바'라는 곡명의 노래로 부른다.

> 기차를 기다리고 있을 때
> 지난 밤 우리가 함께 나눴던 모든 문제들을 생각 좀 해 봐.
> 지난 밤 우린 거리에서 잠을 자고 있었고
> 우리는 별이 뜨는 것을 보았지만 해돋이에 마음을 쓰진 않았어.
> (…)
> 지난 밤 우린 어울리지 않았어요, 맞아요.
> 그래서 우리는 아늑한 좌석에 우리들의 측은함을 채워 넣었어요.
> 당신이 내 어깨에 기대어 함께 있으니 안심이 돼요.
> 나이든 척 하고 싶진 않았어요.
>
> \- 2015년 6월 발매 앨범
> '캥거루의 이웃(Kangaroo's a Neighbour)'에서

서로 알지도 어울리지도 못하더라도 젊음은 함께 나눈 고민으로부터 일탈하고 해방된다.

거리에서 술에 취한 채 잠을 자고 일어나서는 젊음은 어깨를 짓누르는 고민을 툴툴 털고 헤쳐 나갈 기차를 기다린다. 음악은, 아니 예술은 젊은이뿐만 아니라 소수의 소외계층에게 치유와 회복을 가져다 줄 것이다.

메텔코바 시티 자치문화센터는 일탈과 창조 그리고 치유의 공간이다.

2019년 부산 서면에서 개관될 예정인 '상상마당'이 그런 역할을 해줄 수 있을까?

서면 옛 중앙중학교 자리에 있던 '궁리마루', 다시 이름을 바꾼 '놀이마루'에서 보듯 관련 공공 기관이 개입하여 간섭하고 시민들의 자치와 자율성이 보장되지 않는다면 어떻게 될지 누구도 다 알 것이다.

부에노스아이레스 라보카 지역,
이웃공동체에서 예술공동체로

라 보카 엘 카미니토 거리의 입구

"진정한 라 보카(La Boca)는 관광객들이 오후 6시경에 집에 갈 때 시작됩니다. 모든 사람들이 항상 거리에 있습니다. 거리는 이웃의 안뜰과 같습니다. 사람들은 거리에서 놀고 거리에서 먹으며 거의 모두가 서로를 알고 있습니다."

탱고의 발생지로 널리 알려진 라 보카로 가는 버스 속에서 지역정보를 재확인하려고 메모장을 열어보니 그 첫 머리에 몇 겹의 폐곡선으로 동그라미를 치고 별표를 표시한 곳에 적혀있던 글귀였다.

이어 화가 마르틴(Martin)과 친구 음악가 후안(Juan)이라고 밑줄을 긋고 큰 별표를 그려 놓은 메모가 적혀 있다.

운전석 뒤 좌석에 바짝 붙어 앉아 메모장과 차장 풍경에 시선을 번갈아 두면서 귀를 쫑긋 세우고 있는 동안 버스 운전사가 베니토 퀸켈라 마르틴 박물관(Benito Quinquela Martin Museum)에 다 왔으니 내리라고 친절하게 안내를 한다.

라 보카로 가고자 한 것은, 화가 마르틴(Benito Quinquela Martin, 1890년 3월 1일~1977년 2월 28일)과 그의 친구 음악가 후안(Juan de Dios Filiberto, 1885년 3월 8일~1964년 11월 11일) 때문이다.

버스를 내리니 박물관은 마탄자(Matanza River) 강변에 자리하고, 아르헨티나의 황금시대를 이끈 대통령 니콜라스 아베야네다(Nicolas Avellaneda,

라 보카 공화국을 표현한 그라피티

1837년 10월 3일~1885년 11월 24일)의 이름을 빌려 온 다리가 건너편 강변을 연결하고 있다.

입(mouth)이라는 뜻을 가진 라 보카는 글자그대로 마탄자 강의 입에 해당하는 강변 지역이다.

토착 원주민 마푸체족(mauphe)도 외면한 이 지역은 1536년 처음 상륙한 스페인인들, 1830년 제노아(Genova, Italia)에서 대규모로 이민을 온 이탈리아인 그리고 그리스, 동유럽, 아일랜드, 영국, 프랑스 등에서 온 이민자와 그 후손 크리오요(Criollo), 아프리카 흑인노예가 합류하여 대도시를 이룬 곳이다. 그러면서 도시는 자기 지역만이 가지고 있는 역사와 문화, 예술현장의 경험을 축적하고 보존한다.

그 결과 1880년대 아르헨티나 공화국 (Argentine Republic)에서 탈퇴하여 '라 보카 (La Boca) 독립 공화국'을 설립하여 뜻을 이루지 못하자, 이 지역은 독특한 사회적, 문화적, 민족적 특성을 연대로 한 바리오(Barrio)를 형성한다.

라 보카 엘 카미니토 거리에서 다국적 예술가가 표현한 벽화

바리오가 지방자치단체의 하위 행정구역이 되고 도시가 빈민촌으로 몰락하여 폐허가 되면서 전래되어 온 고유한 지역 문화도 사라져 간다.

폐허에서 태어나 고아원에서 자란 화가 마르틴과 그의 친구 음악가 후안은 바리오를 행정 단위가 아니라 문화예술가의 연대로, 여전히 많은 이민자들, 볼리비아인, 파라과이인, 페루인 및 일부 아랍인, 아프리카인 및 라틴 아메리카의 다른 지역 출신 예술가들의 메카로 만들기 시작한다.

마르틴은 한때 아르헨티나의 두 번째 도시로 번창했을 시절의 항구 지역을, 활기와 활력이 넘쳐나는 일상생활의 생동감을 그림으로 그리고, 거리 골목과 그 집들도 밝고 강렬한 색으로 화려하게 채색하면서 엘 카미니토(El Caminito) 거리를 야외 박물관으로 만들고자 한다.

후안도 그 시절 일을 마치고 카미니토 거리에서 술을 마시고 춤을 추고 노래를 부르며 서로 한 가족처럼 어울려 놀았던 항만노동자들의 삶을 시 작품

라 보카의 알 카미니토 거리에서 탱고 연주에 맞춰 춤추고 노래하는 사람들

으로, 음악으로 표현하기 시작한다.

그는 쿠바계 음악, 스페인 식민지시대 음악, 이들로부터 파생된 음악이 혼합된 탱고를 아르헨티나만의 음악, 땅고 아르헨티노(Tango Argentino)로 만들어간다. 그리고는 그는 악단을 편성하여 친구 마르틴이 만들고 있는 예술가의 거리에서 연주도 하고 작곡도 한다.

화가 마르틴은 그 거리를 후안의 작품 이름을 그대로 빌려서 엘 카미니토라고 명명하고 예술공동체 운동을 거듭한다. 죽으면서까지 그는 '색깔에 둘러싸여 살았던 사람들은 일반 상자에 묻힐 수 없다.'라고 하면서 관의 덮개에 라 보카 항구의 그림을 붙였다. 1959년 시정부도 거리 엘 카미니토 (El Caminito)를 야외 박물관(open-air museum)으로 공식 선언을 한다.

박물관을 나와서 한 숨의 광장(Plazoleta de los Suspiros)을 지나자 야외미술관(Museum of Fine Arts Outdoor)과 카페 하바나 사이로 접어들자 카미니

라 보카 엘 카미니토 거리

토 거리가 펼쳐진다.

그 거리는 빨강, 노랑, 파랑 등 강렬하고 화려한 원색으로 채색한 이층집들과 카페와 기념품 가게들이 줄지어 서 있고 관광객을 호객하면서 탱고를 연주하는 거리예술가들과 탱고를 추는 남녀들, 관광객의 시선을 집중하도록 강요하는 그라피티들과 조각들로 가득 차 있다. 또 조그만 빈터에는 작품을 전시, 판매하려고 거리 화가들과 구경꾼들도 발 디딜 틈이 없다.

길을 되돌아 나와 버스를 타고 창밖을 보니 마탄자 강은 여전히 흐르고 있다. 강물을 따라 라 보카도 이웃공동체에서 예술공동체로 드디어 외국인 전용 관광지로 흘러간다.

화가 마르틴과 음악가 후안이 자리하고 있는 강의 수심을 보지 못하면서, 우리도 예술 창작 공간을 관광지로 만드는 것에만 너무 깊이 몰두하고 있지는 않는가?

라 보카의 마탄자 강변에 세워진 공화국의 안내 표지 벽화

시드니 오페라하우스, 홀로 서지 않는다

시드니 타워 아이에서 본 시드니 항

오래된 도시에 갈수록 여행자들은 역사적 인물이나 사건, 장소를 기념하기 위해서 만들어진 동상이나 조각 등 구조물과 광장의 구시가지를, 다른 도시와 차별되는 그 자체의 독특성과 위용을 거만하게 자랑하는 공연장과 전시장 등 공공적인 건축물의 신시가지를 만난다.

구시가지이든 신시가지이든 여행자들은 우연히 마주친 도시의 풍경들, 미로 같은 좁은 골목길, 그 길 베란다에 화분이 놓여 있는 집의 창문이나 그라피티가 그려진 담벼락, 바람결을 따라 서로 어우러져 있는 꽃들, 혹은 빈 술병, 찌그러진 깡통, 이리저리 늘린 지난밤의 흔적들이 남아 있는 거리, 새들의 잔여물을 머리에 인 동상이 내려다보고 있는 광장 등에서 도시의 이미지를 느낀다.

그 이미지들은 여행자들에게 때로는 겉으로 확연하게 때로는 속으로 슬며시 다가서서 도시의 상징이 된다.

그 도시의 이미지와 상징을 느끼게 해 주는 랜드 마크를 여행의 이정표로 삼고는 여행자들은 마음속의 지도를 그리게 된다.

여행을 가지 않아도 누구라도 쉽게 마음속의 지도를 그릴 수 있도록 우리에게 친근하게 알려진 곳은 오스트레일리아 시드니의 오페라 하우스이다.

시드니는 구시가지와 신시가지를 구별할 수 있는 오래된 역사의 도시가 아니기 때문에, 오페라 하우스라는 랜드 마크가 너무나 유명하기 때문에 그럴 것이다.

시드니 오페라 하우스

과연 그럴까? 식민지 도시에서 오세아니아 최대 도시로 발전한 시드니를 그 출신 작가 피터 케리(Peter Carey, 1943년 5월 7일~)는 17년 만에 되돌아온 2001년 '해변과 레스토랑과 요트와 시끌벅적한 금요일 밤이 있는 도시 … 생활의 여유와 경쾌함 혹은 항상 휴가 중 같다는 인상을 받을지도 모른다.'(김병화 역, 《휴가지의 진실 30 days in sydney》에서)라고 한다.

오페라하우스는 백인들의 방탕과 역사에 기록되지 않은 원주민의 삶을 지우고 '항상 휴가 중' 문화예술 공연을 즐길 수 있다는 인상을 주기에 너무나 좋다.

오페라하우스는 18년의 공사기간과 20배로 증액된 공사비 등에 얽혀 있는 이야기를 수없이 만들어내면서 '세상을 바꾼 건축'(클라우스 라이홀트 외), '우리 세계의 70가지 경이로운 건축물'(닐 파킨), '20세기 건축'(크리스티나 하베를리크), '세계 신 7대 불가사의'의 후보 등에 이르기까지 신화가 되어버린 곳이다.

그 신화는 2006년 오페라하우스 CEO 노먼 길레스피(Norman Gillespie)의 신문 인터뷰에서 절정에 달한다. 한 일간지와의 인터뷰에서 그는 '전 세계 사람들이 호주 시드니를 찾는 첫 번째 이유는 오페라하우스를 보기 위해서', '오페라하우스가 없었다면 호주 시드니가 유명해질 수 없었고, 전 세계 사람들의 발길도 뜸했을 것'이라고 웅변한다.

그의 자리가 2006년 루이스 헤론(Louise Heron)에게로 넘어가면서 그 신화는 유네스코 세계문화유산의 등재(2007년)로 절정을 이룬다. 그 절정은 등재기준의 평가한 것처럼 오페라하우스가 '바닷가의 뛰어난 경관을 배경으로 세워진 훌륭한 도시적 조형물, 세계적인 수준의 공연 예술 센터로서의 기능'에 있다.

오페라하우스 투어에 참여하면 가이드는 메인 홀의 이층 객석에서 무대 공

해변 식당과 산책길로 사람들이 붐비는 오페라하우스 아랫길

연을 볼 수 없는 좌석이 있다는 것을 아무렇지 않은 듯 설명한다. 그녀는 또한 저명 대중가수들의 이름을 들먹이면서 일반인들이 즐겨 찾는 공연장으로 소개하기도 한다.

건물 투어를 하는 관광객보다도, 공연을 관람하는 관객보다도 훨씬 더 많은 시민들과 외지인들이 그 뛰어난 바다 경관을 즐기고 있다는 사실은 아무도 말하지 않는다.

수상 폴 키팅(Paul Keating, 1944년 1월 18일, 재임 1991년 11월 20일~1996년 3월 11일)은 1994년 오스트레일리아 역사상 최초의 연방문화정책 '창의적 국가'를 통하여 오페라하우스 재건에 1조원을 제시하면서 시드니 콘크리트 항구를 외지인 이주가 시작되기 이전의 해안 경관을 상상할 수 있는 새로운 곳으로 재창조하는 계획을 발표한다.

그 프로젝트는 2006년 시민공모전을 통해서 바랑가루(Barangaroo)- 유럽인이 시드니에 최초로 정착했을 당시 사회에서 영향력을 가졌던 토착 원주민 그룹의 여성 이름으로 정한다.

그 프로젝트의 일환으로 해안산책로가 만들어지면서 오페라하우스는 친수공간으로 거듭난다.

바닷가 경관을 배경으로 오페라하우스는 바랑가루 보존지와 왕립 열대식물원을 껴안고는 친수공간의 중심으로 자리한다.

더구나 해안산책로 걷기를 울룰루 걷기라고 칭하면서 오페라하우스는 공연 공간으로서 홀로 서지 않게 된다.

달링 하버에서 포트 포인트에 이르는 해안 친수공간의 중심지로서 오페라하우스는 원주민의 역사와 삶을 담고 있는 바랑가루 보존지, 이주민의 생활을 간직하고 있는 서큘 키, 박물관, 미술관, 극장 등 문화시설들, 아쿠아리움, 크루즈 및 요트 선착장 등 해양시설 그리고 거리음식점들, 거리공연 공

해안에 설치된 바랑가루 프로젝트를 소개하는 안내판

울룰루 걷기 프로그램 도중 만나는 거리공연

간 등을 하나로 묶어 주고 있다.

우리 부산은 2001년부터 2017년에 이르는 동안 오페라하우스의 건물조감도까지는 확정했다.

세계 유명한 오페라하우스들 가운데 친수공간을 배경으로 하고 있는 것은 시드니와 오슬로뿐이다.

친수공간을 단지 배경으로만 삼는다면 과연 어찌될까?

올해 착공 예정이라고 하는 부산오페라하우스의 건립 대해서 부산시민들 스스로 토론의 장을 만들어보자.

부산오페라 하우스 당선작

오슬로 오페라 하우스

미술관

난(Nan) 강변 미술관, 오래된 미래를 창조하는 벽화

왓 푸민 사원의 벽화에 담긴 난의 옛 모습

태국 방콕은 동남아와 남아시아 그리고 오세아니아로 여행을 갈 때 중간 기착지로 자주 들리는 곳이다. 난(Nan)으로 가게된 것도 방콕 카오산 로드 게스트하우스 게시판에서 우연히 읽은 포스트잇의 '사원과 예술의 도시'라는 글귀 때문이다.

쌍발 프로펠러 비행기에서 내린 난 공항에는 호객꾼의 고함소리는 커녕 택시나 뚝뚝(Tuk Tuk)의 그림자조차 보이지 않는다. 공항에서 출발하여 약 4km에 이르는 강변까지 걸어가면서 낯선 사람들과 익숙한 풍경들을 만난다.

그 사람들은, 1931년 태국으로 통합되기 전까지 미얀마 및 라오스 접경지역의 산간 오지에서 폐쇄적이고 자치적으로 살아온 도시의 역사만큼, 태국 여행에서 흔히 만나는 모습들은 아니다.

시내로 들어가는 길에서 만난 소수민족 사람들

그 모습은 머리의 가장자리를 깎아 꼭대기 부분에만 머리카락을 남겨놓고 큰 터번을 쓴 흐몽(Hmong) 족의 남자, 직물이나 편물 가방을 들고 사롱(sarong 허리둘레를 겹겹이 감아서 입고 있는 큰 튜브 같은 치마)에 묶은 긴 팔 블라우스를 입은 카무(Khamu) 족의 여성, 오색찬란한 화려한 의복을 입고 장신구를 두른 야오(Yao) 족의 여성 등이다.

낯설고 신기한 모습에서 고개를 돌리면 친숙한 불교 사원이 눈앞을 가로막는다. 이렇게 많은 사원들을 앞에 두고서는 망설일 필요도 없이 발걸음은 숙소부터 찾아간다.

1368년 난타부리(Nonthaburi) 왕국에 의해서 도시로 건설되기 전부터 건립되는 사원들은, 태국의 여느 불교사원과 같이 부처를 모시고 그 일생의 이야기를 벽화로 그린 자타카(Jataka)로 되어 있으리라는 선입견이 앞서기 때문이다.

공항에서 두 시간쯤 걸어서 찾아간 곳은 시내 중심지에 있는 게스트하우스다. 별이 손에 잡힐 듯 더 가까이 다가서고 깊어가는 밤, 생전 처음 먹어보는 피자(pizza)와 함께 주인이 건네준 와이어트(D.K.Wyatt)의 〈난 역사의 신비주의 1320~1598년, NAN History of Mysticism AD.1320~1598〉로 아침을 맞이한다.

이른 새벽, '손가락으로 달을 가리키는데, 달은 보지 않고 손가락만 본다.'고 하듯이 깨달은 자 붓다(Buddha)와 그의 일생 자타카(Jataka)가 아니라 깨닫지 못한 중생들을 보고자 운동화 끈을 묶는다.

시내 그렇게 많은 사원을 돌면서 '달'이 아니라 '달을 가리키는 손가락'을 보여준 곳은 황금 불탑(Chedi)에 코끼리 상이 많아 코끼리 사원으로 불리는 왓 프라 탓 창캄(Wat Phra That Chang Kham, 15세기 초 건립)과 도시를 대표하는 왕실 사원 왓 푸민(Wat Phumin, 1596년 건립)의 벽화들이다.

16, 17세기 당시 도시의 풍속과 일상생활을 그린 벽화

사원 벽화가 흥미롭게 보여주고 있는 것은 당시 도시의 풍속과 일상생활이다.

서양 상인들과 증기선, 공을 가지고 노는 남자와 옷감을 짜는 여자들, 악기를 연주하는 사람들과 춤추고 있는 여성들을 둘러싸서 지켜보고 있는 남녀들, 속삭임(The Whispering)이라는 제목으로 알려진 남녀의 모습-짙은 화장을 한 여인에게 상반신을 드러낸 채 귓속말로 속삭이는 남자, 상반신을 드러낸 여인의 뒤에서 한 손으로 젖가슴을, 한 손으로 허리를 감싸고 있는 남성, 그리고 모이를 먹으려고 몰려다니는 오리, 닭 등 날짐승의 무리들과 나무 위에서 성행위를 하는 원숭이들. 사원 벽화는 도시 외곽 타이 루 족의 마을에 있는 왓 농부아(Wat Nong Bua, 1862년)에서도 그대로 재현된다.

사원 벽화들은, 라마 5세 출랄롱코른(Chulalongkorn) 왕의 통치 시기(1868~1910년)에 난 푸아판(Nan Puaphan, 생몰연대 미상)을 중심으로 중국 운남성 십송파나(Sipsongpanna) 출신의 이주민 타이계 루 족(Tai Lu)이 복원한 것이다. 그 복원으로 '속삭임'은 도시의 트레이드마크가 된다.

복원에만 그치지 않고 벽화가 푸아판을 중심으로 한 예술 창조 정신을 계승하고 사원 벽화를 재창조하기 위하여 '난 강변 미술관'(Nan riverside art gallery)에 상설전시관이 2009년 12월 개관된다.

난 강변미술관

미술관은 이 지역 출신의 예술가 윈나이(Winai Prabripoo, 1954년 생)가 개인 작업실을 개조하여 예술가들에게 전시공간을, 예술가 지망생에게 교육공간을 제공하고자 강변에 넓은 정원을 가진 전통 가옥으로 바꾼 것이다.

미술관은 저만치 흘러가는 강물, 숲과 나무로 뒤덮인 강변의 비탈진 언덕, 다양한 목조 조각들과 나무의 결을 그대로 살려서 만든 목공예들이 서 있는 정원, 그 주위를 감싸고 있는 야생화들, 전통 가옥들이 서로 어우러져 자연을 이루고 있다.

미술관의 1층은 예술가들의 다양한 예술작품들, 그림이나 조각, 도자기 등으로, 2층은 사원 벽화의 상설 전시관과 그 벽화를 재구성한 그의 미술 작품들로 구성되어 있다.

미술관을 둘러보고는 방문객들은 강을 바라볼 수 있는 숲 속 카페에서 커피를 마시면서 예술과 자연이 하나가 되는 세계로 들어가고자 환각에 사로잡힐지도 모른다.

난 강변미술관의 야외전시

미술관을 떠나 탐파툽(Tham Pha Tup) 국가 삼림공원을 거쳐서 시내로 돌아오는 길에 '자연과 어우러지는 전통 가옥의 미술관, 지역 예술의 계승과 재창조, 예술지망생들의 교육' 그리고 '내 고향 부산의 미술관들'이 머리에서 지워지지 않는다.

응아빨리 해변미술관,
고난의 과거로부터 예술의 미래를 보다

동남아 여행의 출발지인 방콕은 언제나 그렇듯 잠시 머물렀던 방콕대학교의 동료 교수들과 술 익는 밤의 도시이다.

소맥(소주와 맥주)의 순배가 이어지는 동안 본명보다도 별명이 더 어울리는 펠레 교수(선수 펠레 Pele보다도 더 축구를 좋아하는)가 어디를 가느냐고 묻기에 미얀마라고 답하자 여권번호와 영문 이름을 물으면서 갑자기 전화를 한다.

한 시간쯤 지나자 양곤(Yangon)에서 만들레이(Mandalay), 바간(Bagan), 인레(Inle), 응아빨리(Ngapali)를 거쳐서 다시 양곤(Yangon)으로 가는 순환 항공권이 착하고 착한 가격으로 배달되면서 입국하여 일정을 조정하라는 주문도 곁들여진다.

양곤을 중심으로 북쪽 지역을 둘러보고 남부 해변으로 갈 계획이 없진 않았지만, 영국 식민지 시대에 동양의 나폴리로 불렀던 응아빨리로 간다는 행운이 찾아왔다.

탄웨이 공항(Thandwe Airport)에서 해변까지는 미리 숙소를 예약하지 않으면 걸어서 갈 수 밖에 없다. 대중교통, 택시와 버스는 물론 픽업트럭을 개조한 미니버스와 라인 카(Line Car), 앞뒤로 두 명이 탈 수 있도록 자전거를 개조한 트리샤(Trishaw), 우마차 등도 없지만 해변과 지역의 풍경, 지역민의 생활이 해변까지의 10km가 넘는 거리 곳곳에 묻어난다.

응아빠리 해변에 있는 드림 아트 갤러리

지역민의 일상과 그 삶의 체취는, 해변에 즐비한 고급호텔과 리조트가 아니라 게스트하우스와 그 인근 미술관에서 넉넉하게 배어난다.

4개의 미술관은 이 영국 식민지 시대에는 고급 관리와 그 추종세력 미얀마인들, 현재에는 유럽인들의 휴양처인 해변을 바라보면서 그 어둠의 역사를 그림으로 보여준다.

버마갈대를 엮어 지붕과 삼면을 설치한 임시 공간 앞에 모래밭의 팻말처럼 놓인 '너희는 이렇게 꿈 미술관(Dream Art Gallery)을'이라는 간판이 따가운 여름 햇살을 피하고 잠시 들어오라고 손짓을 한다. 해변 휴양지의 문화공간에서 피서와 휴식을 함께 한다는 묘한 어울림이 미술관을 다시 찾게 만든다.

전시관, 작업실, 해변, 숲이 어우러진 응아빠리 미술관(Ngapali art gallery)에 들어서자 그림 그리기에 몰두하고 있는 화가들의 열정에 발걸음이 멈추어진다.

손짓으로 전시관에 들어오게 한 화가와 함께 그림을 둘러보고는 전통 차 러펫예(Lapietye, 발효된 녹차나 홍차를 진하게 끓여서 연유를 탄 차)을 마시면서 이야기를 나누었다.

그 그림들은 해변 기슭에서 달 오름을 바라보고 있는 여성, 서로 껴안고 있는 연인, 남성과 여성의 은밀한 장면 등등으로 되어 있다.

응아빨리 아트 갤러리 설립자 산 나일과 그의 작품

그 화가가 미술관(2005년)의 설립자인 산 나잉(San Naing, 1972년 생)임을, 2017년 여름 해운대 한 화랑에서 열린 '제 66회 미술동인 혁, 정기전 겸 국제교류전'에서 알았다.

이후 이력을 '미얀마 타임즈, 2011년 6월 10일)에서 검색해 보고나서 군사독재의 탄압, 종교 분쟁과 종파 간의 폭력을 겪고 그가 '내가 마음의 평화를 가질 때, 나는 에너지를 가지고 있으므로 나는 그림을 그릴 수 있다.'라고 했는지 왜 추상화만을 그리는지 이해할 수도 있을 것 같다.

그의 미술관을 나오자마자 기다리고 있는 것은 인틴 린 미술관(Htein Lin Art Gallery)이다. 화가 산 나잉과 달리 인턴 린(1966년 생)의 미술관은 그림 전시관이라기보다는 저항예술을 실천한 현장에 가깝다.

전시관에는 그가 참여한 연극과 영화, 실내 공연과 거리 공연, 회화와 설치 미술 등 작품들이 가득 차 있다. 그 작품들은 그가 군사독재 시절에 학생운동과 반란군으로 저항하다가 7년간의 징역살이(1998~2004년)를 하면서 설치미술과 행위예술로, 연극과 영화 활동으로 예술적 실천을 다 담고 있다. 그의 미술관을 나와서 해변으로 다시 내려오면 만나는 것은 미얀마 젊은 화가들의 공동 전시장인 시안 베이 미술관(Cyan bay Art gallery)이다.

시안 베이 아트 갤러리의 작품

미술관은 9월에서 다음해 4월까지만 문을 열고 6월에서 8월까지는 화가들의 작업 기간으로 문을 닫는다. 참여하고 있는 화가들로는 흘라 폰 아웅(Hla Phone Aung, 1966년 생), 모에(S Moe Z, 1977년 생), 탄 캬우(Than Kyaw Htay, 1978년 생) 등이다. 전시관의 그림들은 참여 화가만큼이나 다양하다.

작품의 장면들은 스님의 기도, 명상, 설법, 산사와 시골의 풍경, 강변의 수상가옥들, 곧 무너질 듯 허물어 내린 가옥들, 길거리 난전에서 물건을 파는 노파들 등을 담고 있다. 아름다운 풍경과 생존하려고 애쓰는 사람들의 질식할 것 같은 모습 등이 전시관에서 함께 어우러져 있다.

마지막 여정으로 찾아가서 미술관을 둘러본 해변은 휴식처가 아니라 피서지의 문화공간으로 다가온다. 아니 문화공간이 아니라 독재 권력에 저항한 역사의 공간으로 다가선다.

귀국한지 몇 년이 지나 대학원 수업의 일환으로 해운대 미술관 투어를 하면서 본 그림들이 왜 가슴으로 다가서지 않았는지 이제야 알 것도 같다.

응아빨리 갤러리에서 그림에 열중하고 있는 화가

패르누 신예술박물관, 성의 정체성을 묻다

패르누(Parnu)로 가고자한 것은 도시 그 자체의 매력 때문이 아니라 에스토니아(Estonia)의 수도 탈린(Tallinn)과 대학 도시 타르투(Tartu)를 거쳐서 라트비아(Latvia)로 가는 교통의 편의성 때문이다.

이동하기 위해서 잠시 머무르는 숙소에서 특별한 정보를 얻지 못하고 거리를 헤매다가 만난 '제 24회 누드 예술 쇼, 남성, 여성, 바다'라는 포스터의 유혹으로 '신예술박물관(The Museum of New Art)'이 바로 목적지가 된다.

신예술박물관의 포스터

'누드 예술 쇼'라니! 그것도 2004년 유니세프(UNICEF, 유엔 아동 기금)로부터 '어린이-청소년 친화 도시', 어린이와 청소년이 함께 일을 하고 자기실현의 기회를 제공받을 수 있는 생활환경을 갖춘 도시 패르누에서. '누드'와 '쇼'의 부정적 의미를 익숙하게 받아들이는 60대 노년의 유교적 관습에서 따라서 발걸음은 박물관으로 향하다가 리디아 코이둘라 공원(Lydia Koidula park)에서 먼저 멈춘다.

공원은 에스토니아 민족 시인으로 불리는 코이둘라(새벽이라는 뜻의 필명, 1843년 12월 24일~1886년 8월 11일)에게 1925년 헌정된 것으로 아담슨(Amandus Heinrich Adamson, 1855년 11월 12일~1929년 6월 26일)이 조각한 그녀의 동상 개막식과 함께 1929년에 문을 연다.

동상을 바라보며 모바일에서 그녀의 시 '나의 조국은 나의 사랑'(Mu isamaa on minu arm)의 영문 번역을 찾아서 그 일부를

자기 이름을 딴 공원에 있는
시인 리디아 코이둘라 동상

당신의 고통은 내 가슴 속에 새겨지고
당신의 자부심과 기쁨은 나를 행복하게 한다.
(…)
그리고 나는 쉬고 싶다
당신의 팔에 누워.
(…)
당신의 새들은 나에게 잠을 노래고
꽃은 나의 유골에서 피어날 것이다
나의 조국, 나의 조국

으로 다시 번역해 본다.

번역 시를 음미하면서 400미터쯤 걸어가면 신예술박물관을 만난다.

박물관은 1992년 설립된 에스토니아 최초의 현대 미술 박물관이다.

1991년 소련에서 독립한 이후, 문화시설과 휴양시설을 갖추어 가면서 1996년부터 '에스토니아의 여름 수도'라고 불리게 된다.

신예술박물관 가는 길에서 만나 그라피티

그 이름을 가능하게 한 원동력일지도 모른다고 생각하면서 도착한 박물관은 작고 초라한 이층 건물이긴 하지만 1994년부터 '국제 누드예술 쇼-남성과 여성'을 주최하여 2017년 현재 24회에 이른다.

박물관은 전시 주제를 '전통적으로 인체와 영혼의 조화에 중점을 두고 있다'고 하면서 매년 하위 주제를 '기대, 꿈, 외계인 또는 다양한 예술적 해석을 통해 남성과 여성의 관계에서 서로 다른 색조를 나타 내기위한 것'으로 설정한다.

큐레이터 수사어(Mark Soosaar, 1946년 1월 12일 생)는 2017년 슬로건을 '남성, 여성, 바다'로 정하고 그 주제를 '글이나 돌 뿐만이 아니라 모든 인간의 사고와 행동에도 소리나 이미지가 있다'고 하면서 '바다라는 예측불가능한 곳에서의 열린 마음의 소통'을 설정한다고 한다.

슬로건이나 주제, 작가와 작품명을 적어 놓은 팸플릿을 들고 다니면서 만나는 누드 예술, 곧 미술, 조각, 사진, 영상 등은 남성만을, 여성만을, 남성과 여성을 누드로 구체적으로나 추상적으로 표현하고 있다.

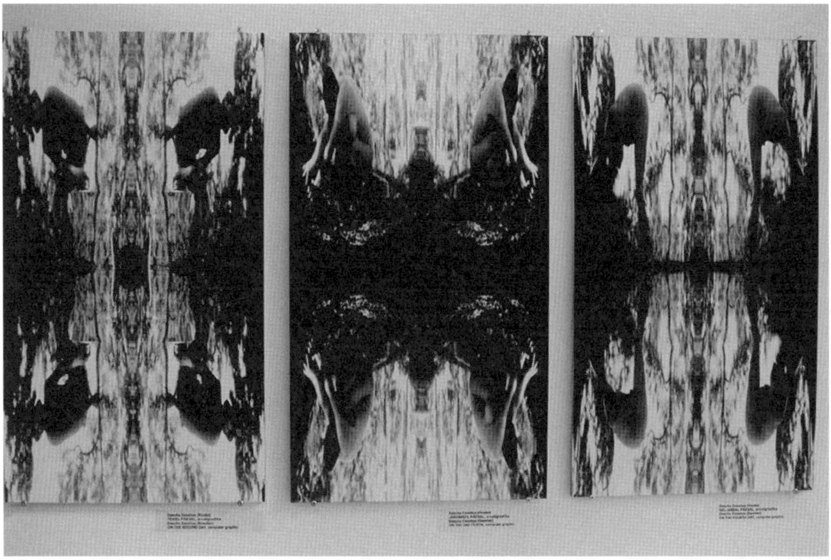

신예술박물관에 전시된 누드화

신예술박물관의 누드 예술은 방문자를 혼란스러운 의문으로부터 놓아주지 않는다.

누드 예술을 보면서 방문자들은 무엇을 생각할까?

동양인 방문객은 동서양 인물화의 가장 큰 차이가 누드화의 존재 여부임을, 벌거벗은 나체(The Naked)와 계산된 의상으로 정교한 형식을 가진 누드(Nude)를 이해할까?

인간의 성이 생물학적 분류에 따른 남성과 여성뿐이며, 생물학적 성의 결합이 조화일까?

성적 정체성과 지향성에 따라서 인간의 성은 어떻게 나누어질까?

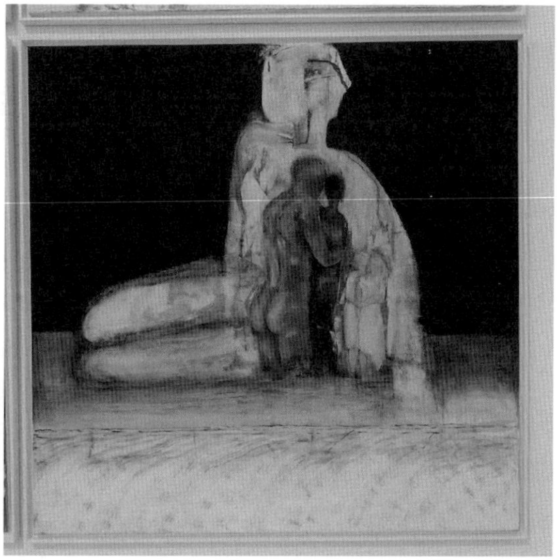
인간 속에 남성과 여성이 혼합되어 있음을 그린 누드화

LGBTAIQOC (Lesbian 여성 동성애자, Gay 남성 동성애자, Bisexual 양성애자, Transgender 생물학적 성과 사회적 성의 불일치자, Asexual 무성애자, Intersex 남녀 한몸, Questioner 성의문자, Opensexual 범성애자, Crossdresser 복장 도착자)는 어떻게 성의 조화를 이룰까?

그 전시 기획으로 인하여 방문자들은 백야의 긴 밤을 인간의 성과 그 조화에 관한 생각의 밤으로 짧게 보낼지도 모른다.

신예술이 새로운 형식의 예술이 아니라 기존 예술을 새롭게 해석하는 것인지, 누드 예술이란 누드로 표현된 예술이 아니라 예술 감상의 기존 태도를 완전히 버리는 것인지도 모른다.

그 의문으로부터 조금이라도 자유를 되찾은 것은 며칠 뒤 리투아니아 빌뉴스(Vilnius, Lithuania)의 '제 3의 성'(생물학적 성별이 남녀 어느 쪽도 아닌 인터섹스 intersex)이라는 거리 전시회에서이다.

빌뉴스 '제 3의 성' 거리전시회에서

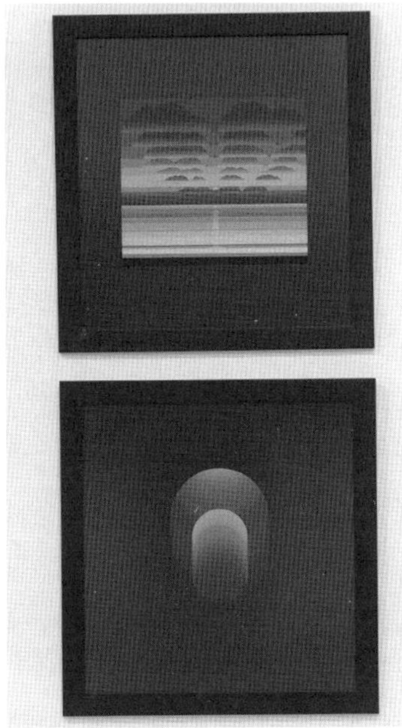

신예술박물관의 작품

전시회에서 '나는 내 자신을 남성이나 여성이 아니라 제3의 성으로 정의한다. 사람들은 나를 (사회적 성과 생물학적 성이 일치하지 않는) 트랜스젠더(Transgender)라고 말할 수 있다. 나는 더구나 트랜스젠더도 아니다. 나는 스스로를 생물학적으로 타고난 성과 다른 제3의 성이라고 규정한다.'라고 절규한다.

그 전시회를 통해서 여행이란 사람들에게 자기가 살고 있는 사회와 문화의 기성복을 스스로 벗게 만들고 새롭게 입어 가는 과정임을 깨달게 된다.

그 깨달음이 도시마다 있는 지역 박물관, 역사관, 전시관, 민속관, 예술관 등에서 새로운 감동으로 이어질 수는 없을까?

박물관

우붓,
예술가의 미래를 여는 박물관 리조트

인도네시아 발리(Bali)에서 거북이라는 뜻을 가진 쿠라-쿠라(Kura-Kura) 버스를 타고 거북이걸음 걷듯 우붓(Ubud)으로 가서 버스에서 내리자마자 박물관이 앞을 가로 막는다.

우붓 중심 거리에서 행해진 전통 음악 공연

'회화의 궁전'이라는 뜻을 가진 푸리 루키산(Puri Lukisan) 박물관. 박물관은 수카와티(Agung Sukawati, 1899년 1월 15일~1967년)를 감독으로, 보닛(Rudolf Bonnet, 1895년 3월 30일~1978년 4월 18일)을 큐레이터(curator)로 하여 1954년 건립된다.

보닛은 발리를 방문한 유럽 최초의 예술가 니엔캄캄프(W O J Nieuwenkamp, 1874년 7월 27일~1950년 4월 23일)의 권유로 우붓에서 화실을 열고 평생을 살면서 전통 회화들을 수집, 보존한다.

우붓의 전통 민화

박물관으로 들어서면 전설에 나오는 기묘하고 이상한 괴물이나 마녀들을 그린 바투안 회화(Batuan), 파스텔 색상으로 거대한 바다 경관 및 바다 생물과 에로틱한 장면을 즐겨 그리는 사누르 회화(Sanur), 종교 생활을 비롯한 일상사를 그리는 우붓 회화 등을 만나게 된다.

박물관을 지나서 자연보호구역인 '원숭이 숲' (Monkey Forest)에 이르는 길가엔 미술관들이 줄지어 서 있다.

영어로 올빼미, 신비한 새, 귀신 새로 번역되는 섬의 수호신 부룽한투(burung hantu)를 그리는 화가 실라(Wayan Sila, 1970년 생)의 올빼미 박물관, 마음의 소리를 전통적인 기법을 사용하지 않고 점, 선, 도형으로 장식하는 화가 수제(Nengah Sujena, 1976년 생)의 고마네카 미술관(Komaneka Fine Art Gallery)은 여느 미술관과 달라 보인다.

원숭이 숲에서 되돌아 나와 여객선 터미널 파당바이(Padang Ba)로 가는 쁘라마(Perama) 버스 정류장을 찾아서 나선 길에도 펜데 박물관(Pendet Museum)이 발걸음을 막는다.

화가이면서 조각가인 펜데(Wayan Pendet, 1936년 생)의 이름을 딴 박물관은 아이다 메구스(Ida Bagus Made Poleng, 1915년~1999년)가 1999년 4월 14일

우붓 전통 무용의 한 장면

에 설립하여 2002년 12월 22일에 개관한다.

박물관은 공식적으로 우붓 출신 화가로서 세계적으로 널리 알려진 설립자 '메구스의 터전과 작업실'(The Home & Studio)로 불린다.

박물관으로 들어서면 펜데의 작품들, 종교의식이나 행사, 전통 인형극 와양(wayang) 공연 중에 사용되는 가믈란(gamelan) 등 다양한 악기를 연주하는 사람들, 전통 무용을 추는 남녀, 사냥꾼, 어린이들 등을 익살스럽거나 해학적이고 웃음기가 넘치는 모습으로 보여준다.

박물관이 문을 닫자 서둘러 버스 정류장으로 가는 길에 어둠이 쌓이기 시작한다. 어차피 하루나 이틀 정도 머무를 계획인지라 '아무렴 어때, 몸만 뉠 수 있으면 되지'라는 생각이 오히려 여기저기 기웃거리게 한다.

'박물관과 리조트'라는 간판이 특이하여 안내실로 가서 숙박비를 묻자 안내인은 하룻밤 100만 루피아(약 9만원)부터 시작하지만 거짓말이 섞인 투로 '한국 사람은 특별히 할인한다.'고 한다. 그러고는 가수 싸이(PSY)의 '강남스

뜨갈랄랑 계단식 논

타일'을 흉내 내는 안내인의 춤 솜씨가 배낭을 저절로 내려놓게 만든다.

숙소는 뜨갈랄랑 계단식 논(Tegalalang Rice Terrace)에서 흘러내리는 하천을 한쪽 경계로 삼고 비탈진 언덕을 따라서 층층이 지은 전통 가옥으로 되어 있다.

여장을 풀고는 멀리서 악기 소리가 들리는 듯하여 나선 곳이 아궁 라이 예술박물관(Agung Rai Museum of Art)이다. 설립자 아궁 라이(1955년 7월 17일생)는 박물관에서 채 2km로 되지 않는 거리에 있는 펠리아탄(Peliatan) 마을 출생이다.

그 마을은 1927년부터 스파이(Walter Spies, 1895년 9월 15일~1942년 1월 19일)가 화실을 짓고 거주한 곳이다. 그는 보닛(Rudolf Bonnet)과 함께 1937년 피타 마하 예술가 협동조합(The Pita Maha Artists Cooperative)을 설립하여 섬

박물관 리조트의 공연장

의 전통 예술을 수집, 보존할 뿐만 아니라 젊은 지역 화가들을 교육시키고 육성하기 시작한다.

아궁 라이도 마을소년들 누구나가 원하는 화가로의 꿈을 꾸기 시작한다. 가난과 빈곤 때문에 그의 꿈은 화가에서 그림수집가로 바뀌어간다. 그는 섬의 전통 예술을 보존하고 젊은 예술가들을 육성하기 위하여 박물관 아르마(ARMA, Agung Rai Museum of Art, 1996년 9월 6일)을 설립한다.

그의 열정은 그림의 수집과 보존, 화가의 육성에 그치지 않고 문화예술 세미나와 공연으로 이어진다.

그는 관객뿐만 아니라 일상에서 탈출하여 대안을 찾고 있는 사람들을 위한 피난처로 리조트 호텔을 만든다.

박물관에서 전통 공연을 보고 리조트 호텔에서 지낸 하루는 일주일로 연장된다. 바깥에 나가지 않고 낮에는 산책을, 밤에는 전통 공연을 보고 지낸 7일은 여러 가지를 되돌아보게 한다.

이방인 예술가와 지역 예술수집가의 열정으로 섬마을 소년소녀들이 예술가의 꿈을 키우고 자라면서 우붓 회화(Ubud Painting)라는 한 유파를 형성하고 있다.

내 고향 부산에도 그렇게 많은 예술가와 예술의 열정–전통 유산을 복원하고 새로운 미래를 창조하고자하는 열정이 어디에 숨어 있는지 궁금해진다.

프라하,
박물관과 거리예술의 도시

프라하 프리 워킹 투어

체코 프라하 바츨라프 하벨 국제공항(IATA : PRG)에 내려서 공항버스를 타고 중앙역(Hlavni Nadrazi)에 도착한 때가 정오 무렵이다.

프라하에 도착하여 숙소를 중앙역 부근으로 정한 것은 박물관에서 먼저 도시의 역사 유산과 문화 자산을 둘러 보고나서 여정을 짜기 위해서이다.

중앙역 앞에서 제일 먼저 눈에 띠는 것은 의아하게도 미국 대통령 윌슨(Woodrow Wilson, 1856년 12월 28일~1924년 2월 3일)의 동상이다.

1871년 12월 14일 처음 문을 열 때, 역명은 당시 프라하가 소속된 보헤미아 국왕 겸 오스트리아 황제 프란츠 조셉 1세(Franz Josef Ⅰ, 1830년 8월 18일~1916년 11월 21일)의 이름으로, 더군다나 소련 위성국가 시절(1945년~1953년)에는 윌슨 역으로 이었다.

역을 지나 윌슨로를 따라 내려가면 바츨라프 광장(Václavské Náměstí)이 기다리고 있다.

바츨라프 광장

광장은, 체코민족의 수호신 바츨라프(Václav I., 907년경~935년 9월 28일)의 동상, 1968년 소비에트로부터 자유와 독립 그리고 민주주의를 외치고 분신자살을 하여 '프라하의 봄'(The Prague Spring of 1968)을 촉발시킨 파라(Jan Palach, 1948년 8월 11일~1969년 1월 19일)와 쟈익(Jan Zajíc, 1950년 7월 3일~1969년 2월 25일)의 사진을 중심으로 국립박물관에 이른다.

동상에서 박물관에 이르기까지의 거리 양편은 호화롭고 번화한 호텔, 음식점, 쇼핑의 천국을 이룬다. 그 거리를 벗어나서 접어드는 어떤 골목길에도 많고 다양한 박물관과 기념관, 예술관과 미술관 그리고 거리예술가들이 기다리고 있다.

골목길에서 처음 만난 것은 민족주의 운동가 리거(František Ladislav Rieger, 1818년 12월 18일~1903년 3월 3일) 기념관이다.

기념관은 그의 아버지로부터 5대에 걸쳐서 살았던 궁전이며, 그의 딸이 수집한 가구들, 조각품들, 도자기들 유리공예품 등을 전시한 곳이다.

안내인은 중앙역 뒤쪽 리에그로비 공원(Riegrovy sady)에 그의 동상도 있다고 하면서 그의 집을 기념관으로 개관한 것은 민족주의운동의 역사와 그 시대 예술품을 시민들에게 널리 알리기 위해서였다고 덧붙인다.

기념관에서 출발하여 박물관으로 둘러 본 프라하의 역사는 인간의 잔혹성을 보여주는 고문에서(고문도구 박물관) 부터 시작하여 유대인의 대학살(유대인 박물관), 공산주의(공산당 박물관)와 냉전 시대(냉정 박물관)의 폭정과 억압으로 이어진다.

1993년 1월 1일 체코의 독립 이후, 박물관은 학살과 폭력 속에서도 민족정신을 지켜준 위대한 예술가의 생애로 채워지고, 문화예술과 개인의 살아가는 이야기의 모음으로 바뀌어간다.

박물관은 예술가의 이름을 그대로 빌려 쓰면서 그의 생애를 후손들에게 전해준다.

교향시 〈나의 조국〉(My Country, 1874년~1879년) 연작 등으로 민족음악의 창시자로 추앙받는 스메타나(Bedřicha Smetany, 1824년 3월 2일~1884년 5월 12일) 박물관.

교향곡 9번 〈신세계로부터〉(From the New World, 1893년)로 고국에 대한 향수를 담은 드보르작(Antonín Dvořák, 1841년 9월 8일~1904년 5월 1일) 박물관.

영화 〈프로코크 씨 Mr. Prokouk〉 시리즈(1947년~1955년)로 대중적인 인기를 얻어 국민감독으로 불렸던 제만(Karel Zeman, 1910년 11월 3일~1989년 4월 5일) 박물관.

아담과 이브라는 두 개의 첨탑이 있는 성모 마리아 성당과
세계 저명 화가들의 전시회가 열리는 예술갤러리와 광장의 거리예술

대형 그림 〈슬라브 서사시 Slav Epic〉 연작(1912년~1930년)으로 세계적인 명성을 얻은 현대 그래픽 디자인의 선구자 무하(Alphonse Mucha 1860년 ~1939년) 박물관 등.

박물관은 한 예술가 생애를 보여주기도 하지만 특정한 지역 특정한 종류의 예술-중유럽 현대예술(캄파 박물관 Museum Kampa)을, 시각예술(몬타넬리 박물관 Museum Montanelli)을, 아시아와 아프리카 및 아메리카 문화(나프르스텍 박물관 Náprstkovo Museum)를, 체코 입체파 화가들의 작품(체코 규비즘 박물관 Cubism Museum)을 보여주기도 한다.

박물관은 역사와 전통 유산, 예술가와 예술의 전당이라는 과거의 시간과 권위에 머무르지 않고 도시민의 일상적인 삶과 생활을, 평범함 사람들의 이야기를 담기 시작한다. 장난감, 블록 장난감, 미니어처, 밀랍, 변기와 요강, 초콜릿, 맥주, 사랑, 성 기구, 미스터리 등이 그대로 박물관의 명칭과 주제가 되면서 관련 물품들이 전시되고 진열된다.

위대한 인물에서 평범함 시민으로, 문화예술에서 일상생활로, 과거에서

바츨라프 광장에서 까를교로 이어지는 골목에서 거리행진

현재로 전시의 주제가 바뀌어가는 박물관 순례를 하면서 만나는 것은 광장과 골목길에서 벌어지고 있는 거리예술이다.

광장이나 골목길마다 거리예술가들은 개인이나 몇몇이 모여서 그림을 그리거나 악기를 연주하거나 합주를 한다.

때로는 예술가들은 사회적 소수자들을 위하여 행진을 하면서 악기를 연주하거나 합주를 하기도 한다.

도시 전체가 하나의 예술작품으로 느껴질 만큼 아름다운 도시를 둘러보는 것은 여행이 가져다주는 선물이다.

중세와 근대, 현대가 공존하는 도시에서 그 역사 유산과 문화 자원을 함께 보고는 고향으로 되돌아오면 숨이 막힌다.

개발이라는 이름으로 이미 지워버린 근대를 되살리지는 못하더라도 그래도 우리 지역에서 살다가 간 그 많은 예술가의 삶과 흔적이라도 보존하자.

최소한 지금 열고 있는 문화예술가들의 기념관이라도 지원하여 향기로운 문화를 지우지나 말자.

까를교에서 행해지는 거리예술

플로브디프 하우스 뮤지엄,
박물관은 거짓말을 하지 않는다

플로브디프의 옛 지명 펄프 데바의 네벳 언덕에서 본 구시가지 전경

내게 있어 행복이란 이처럼 잊히지 않는 어떤 순간을 다시 경험하는 것이다. 우리의 삶이 …… 이런 감정적인 순간들을 하나하나 놓고 생각하는 것임을 알면, 연인의 식탁에서 팔 년을 기다린 것이 조롱거리나 강박 관념처럼 보이지 않고 그저 퓌순 가족의 식탁에서 보냈던 행복한 1593일의 밤으로 보일 것이다. … 모든 사람들이 낭비했다고 생각하는 나의 삶을, 퓌순이 남겨 놓은 것들과 나의 이야기들과 함께 박물관에 전시해 설명할 수 있을 거라고 상상하며 행복해 했다.

- 오르한 파묵의 《순수 박물관》(이난아 역) 중에서

그 박물관은 '한 여자와 만나 44일 동안 사랑하고/339일 동안 그녀를 찾아 헤맸으며/2864일 동안 그녀를 바라 본 한 남자의/30년에 걸친 처절하고 지독한 사랑과 집착'으로 만든 '순수박물관'이다. 오르한 파묵(Orhan Pamuk, 1953년 6월 7일)이 실제로 만든 4층짜리 순수 박물관은 자신이 여러 곳에서 사들여 놓은 물건들을 전시해 놓았을 뿐이다. 그 전시품들은 허구 속에서만 진짜로 보일 뿐 실제 현실에서는 가짜이다.

개인사에 관련된 실제 현실을 전시하고 있는 박물관은 플로브디프(Plovdiv) 구시가지에 널려 있다.

오드리사(Odryssa) 혹은 오드린(Ordin), 폰네로 폴리스(Poneropolis), 듀론 폴리스(Dulon polis), 모이코 폴리스(Moichopolis), 필립포 폴리스(Philippo-polis), 켄드리시아(Kendrisia), 트리몬티움(Trimontium), 펄프 데바(Pulpu-deva) 등에서 바뀐 플로브디프는, 그 이름의 변천만큼 역사의 격랑을 겪어 온 도시다.

오스만 터키 식민지시기에 건축된 대표적인 하우스-뮤지엄의 전경

격동하는 세월을 피해 갈 수 없었던 사람들의 집들은 박물관으로 거듭난다.

그 집은 '하우스-뮤지엄(House-Museum)'과 '문화의 국가적 기념물'이라는 현판을 출입문 기둥에 붙이고 이 지역의 역사와 삶의 모습을 간직하고 있다.

그 모습은 도시가 마케도니아 필립 2세(Philip II)에게 정복당한 후 BC 341년 필리포 폴리스(Philippopolis, 말을 사랑하는 사람들의 도시)로 개칭된 것에서 시작되어 현재까지 이어진다.

그 출발은 '필리포 폴리스 아트 갤러리와 뮤지엄(Philippo-polis Art gallery & Museum)'과 '히포크라테스의 약국(Hippo-crate's old Pharmacy Museum)'이다.

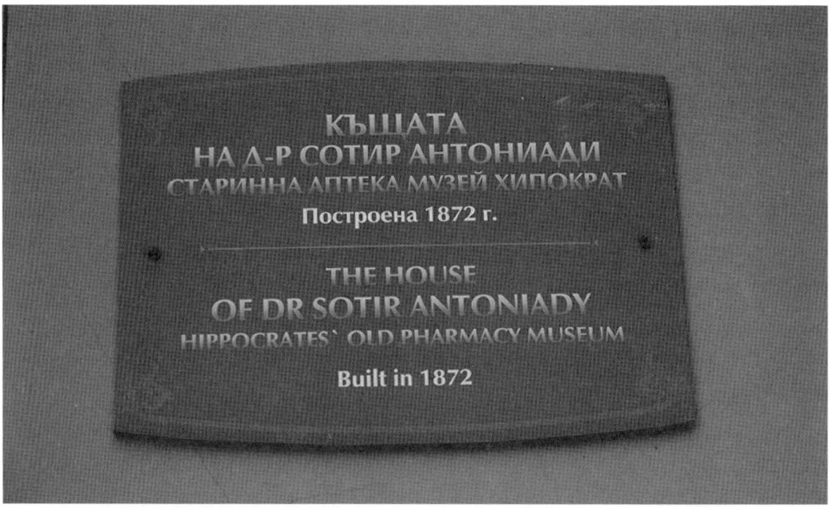

1872년 건축된 소티어 앤토니아두 의사의 집-히포크라테스의 옛 약국 박물관의 간판

그 뮤지엄은 필립포 폴리스 시대의 예술품을 전시하고 있지도 않고, 그 약국은 1872년 건축된 의사 소티어 앤토니아두(Sotir Antoniady)의 집이면서 히포크라테스의 옛 약국 박물관이라 것 이외에 어떤 설명도 없다.

당시 도시 이름이 듀론 폴리스(Dulon polis, 노예들의 도시) 혹은 모이코

폴리스(Moichopolis, 간통자의 도시)라는 전설적인 소문에 따른다면 필리포폴리스는 폰네로 폴리스(Poneropolis, 농노들의 마을)였다.

농노들의 도시이든 아니든 기원 전 4세기의 역사와 삶은 기록되지 않고 전해지지도 않았다.

기원 4세기 이후 도시는 시간의 강을 따라 흘러가다가 오스만 터키의 지배에서 벗어나고자 회오리친다.

무릇 5세기(1396년~1878년)에 걸친 지배의 압제에서 벗어나고자 할 때 도시의 삶과 사회는 요동을 친다.

불가리아 민족해방 투쟁(1876년)의 실패, 제정 러시아와 터키의 전쟁(1877년~1878년)으로 인한 타율적인 독립, 오스만 터키와의 전쟁(1913년)의 패전으로 인한 국토의 상실은 절대로 지워지지 않는 기억이 된다.

1876년에서 1912년에 이르는 기간 동안의 기억은 구시가지 곳곳에 묻어있다.

하우스-뮤지엄의 대표적인 지역민속박물관

1847년 건축가 하드지 게오르기(Hadzhi Georgi)가 바로크 양식으로 지은 지역 거상의 집은 1938년부터 지역민속 박물관의 전시관으로 거듭난다.

오스만 터키의 식민지 시절이었던 1847년 당시 일상 생활용품과 민속공예품, 전통 의상과 전통 악기들, 장미 기름 증류 기계 같은 제조도구들은 그 시절 시민의 삶을 쓰라린 기억으로 되살려 준다.

민족부활을 위한 투쟁의 기억은 1848년 지역 부호 디미타르 게오르기야디(Dimiter Georgiady)의 저택을 불가리아 부활 박물관(Bulgaria Revival Museum)으로 바꾼다.

박물관은 독립 투쟁의 역사를 다큐멘터리나 사진자료들로 보여준다.

1861년 건축된 고리대금업자 사라프키나(Sarafkina)의 저택은 사라프키나 하우스-뮤지엄(Sarafkina House Museum)로 거듭난다.

19세기 중후반 부유층의 생활 자료, 그 가문이 수집한 예술품과 보석들을

민족부활을 위한 독립항쟁을 그린 전시 그림

전시하여 당시 신흥자본가들의 삶을 여실히 보여준다.

식민지 시절 부자들의 삶과 함께 봐야하는 것은 독립 후 국가를 재건하려는 공인들의 삶이다.

1885년 동루메니아 지방 검사의 관사를 새로이 꾸민 지역사 박물관(Plovdiv Regional Historical Museum)은 독립 이전과 이후의 사회와 삶의 모습을 전시하고 있다.

'1885년 불가리아의 통합'이라는 주제로 국가 전시회가 열리기도 했을 만큼 박물관은 과거 역사를 통하여 미래를 꿈꾸는 자료들을 전시하고 있다.

고통의 과거에 대한 추억은 미래를 위한 새로운 길을 열어준다. 그 길은 하우스 뮤지엄을 역사와 민속으로부터 문화와 예술로 가게 한다.

1829년과 1830년 사이에 건축된 지역 거상 마브리디(Georgi Mavridi)의 집은 라마틴의 집(Lamartin's House)으로 널리 알려진다. 프랑스 국민시인이자

1860년 지어진 의사 스토얀 코마코프의 저택을 꾸며 만든 하우스 박물관

정치가 라마틴(Alfonso de Lamartin, 1790년 10월 21일~1869년 2월 28일)이 동방여행에서 돌아온 후 3일 동안 머물렀다고 그의 이름을 붙인 곳이다. 이 집은 1978년부터는 지역 작가들의 예술 창조 활동을 위한 베이스캠프의 역할을 하면서 불가리아 문학의 미래를 새롭게 열어간다.

1981년 찬코 라브레노프와 멕시코 미술 상설 전시관, 엔초 피르노코브 상설 전시관의 건립과 해외로 눈을 돌려 외국인 예술가들의 작품과 실험예술을 전시하면서 도시에서의 문화적 삶의 역사와 그 문제들을 토론하여 공공의 장으로 마련된다.

플로브디프가 오스만 제국의 식민지시기를 하우스 뮤지엄으로 거듭나게 하고 있다면 일제에 의해서 강제로 개발된 우리의 식민도시는 무엇을 어떻게 하고 있는지 묻고 싶다.

우리는 식민도시를 기억에서 지워간다.

쓰라린 과거의 기억을 잊는다면 새로운 미래를 건설할 수 있을까?

분수

사마르칸트,
분수들의 합창으로 밤하늘을 열다

히바 음악박물관에 걸려 있는 것으로 사막을 건너면서 쉬는 밤 시간에 즐기는 사람을 표현한 그림

실크 로드를 따라서 사람들은 동쪽에서 서쪽으로 어떻게 갔을까? 말을, 낙타를 혹은 배를 타고 유라시아 대륙을 건너가면서 옛 사람들은 자취를 남겼다.

옛 사람의 자취는 사막의 바람을 타고 유산이 되어 이야기로, 노래로, 그림으로, 어떻게든 그 무엇으로도 전해진다.

옛 사람의 유산은 길 위에 흔적을 남기거나 길속에 묻힌다. 옛 사람과 함께 땅 속에 묻힌 오아시스의 흔적은 어디에 있을까? 그 흔적이라도 찾을 수 있는 곳이 있다면 우즈베키스탄 사마르칸트일 것 같다.

사마르칸트는 중앙아시아 사막과 반사막을 연결하는 오아시스 길의 중심지, 중앙아시아에서 인도에 이르는 불타로(Buddha Road, 붓다길)의 중심지였다. 더구나 사마르칸트(Samarkand)는 중앙아시아에서 인도와 터키까지 지배했던 티무르 제국의 수도였다. 사마르칸트에 남긴 옛 사람들의 유산들은 오아시스를 중심으로 지어졌던 건축물들이다.

그 건축물들, 레기스탄(Registon, 모래가 있는 곳) 광장과 세 개의 마드라사(Madrasah, 고등교육기관), 아프로시압(Afrasiab) 성 등은 동서 '문화의 교차로'라는 이름으로 유네스코 세계문화유산으로 등재되었지만 오아시스는 자취도 없이 사라졌다.

레기스탄 광장에 서 있는 울루그 베그 마드라사, 틸랴카리 마드라사, 쉐르도르 마드라사(왼쪽부터)

아니 오아시스는 사라지지 않고 분수로 되살아났다고 한다면 지나친 억측인가? 사마르칸트를 거의 3,000년이 된 과거의 도시가 아니라 현대 도시답게 만드는 것은 분수대와 그라피티이다.

분수대와 벽화는 레기스탄 광장을 조금 지난 4차선의 교차로에서 시작된다.

전통 현악기를 켜는 미녀도 벽화와 가장 큰 분수

교차로는 서로 길을 가려는 차들의 빵빵거리는 소리들, 녹슬고 찢겨진 양철문을 손으로 치면서 사람들을 부르는 차장의 고함소리로 언제나 귀가 웅웅거린다.

더구나 한 여름날의 정오 햇볕이 내리쬘 때, 사람들은 분수대로 모여든다.

분수대는 옆 건물 벽면에 그려진 벽화를 향해서, 무더위에 지친 행인들에게 사정없이 물총을 쏜다.

분수의 물이 음악의 숨결을 따라 회오리바람처럼 흔들리다가 갑자기 용오름처럼 솟아오르다 떨어지면 젊은 남녀들은 괴성을 지르고는 전통 현악기 루바브를 켜는 미인도 벽화로 내달리다가 곧 되돌아 와 더위를 식힌다.

미녀를 곁에 두고 있기에 가장 큰 분수대는 찻길을 건너 가장 작은 분수대와 마주한다.

분수대는 마치 언덕을 오르는 계단처럼 하나씩 앉아 있다.

레기스탄 광장에서 티무르 광장에 이르기까지 층계를 이루면서 줄지어 서 있는 분수대의 밤

계단을 올라갈수록 숨이 가빠지고 무더위가 극성을 부리듯 분수대도 차츰차츰 커진다.

아무르 티무르 광장에 있는 아무르 티무르(Amir Temur, 1336년 4월 8일~1405년 2월 18일) 왕의 동상과 나란한 곳에 두 번째로 큰 분수대가 자리한다.

나란히 있는 분수대가 더위를 시켜주는 동안 티무르 왕은 가장 큰 분수대에서 즐겁게 놀고 있는 백성들과 음악을 연주하고 있는 미녀들을 내려다본다.

백성은 왕을 올려다보지도 않고 발돋움하면서까지 미녀들에게 다가간다.

발돋움하는 발돋움하는 너의 자세는 왜
이렇게
두 쪽으로 갈라져서 떨어져야 하는가.

그리움으로 하여
왜 너는 이렇게
산산이 부서져서 흩어져야 하는가.

(중략)

왜 너는
다른 것이 되어서는 안 되는가.
떨어져서 부서진 무수한 네가
왜 이런 선연한 무지개로
다시 솟아야만 하는가 - 김춘수의 시 〈분수〉 중에서

무지개가 솟아오르지 못하는 밤이면 사람들은 미녀가 자리한 분수대로 가지 않는다.

사람들은 자기들에게 맞는 분수대로 제각기 흩어진다.

한 계단씩 자리하고 있는 분수대는 밤이면 홀로 무지개를 만들지 않는다.

분수들은 음악의 숨결에 따라 아름다운 자태로 춤을 추면서 조명의 불꽃을 서로 다르게 쏘기 시작한다.

밤의 분수대에서 더위를 식히면서 즐겁게 노는 사람들

언덕의 가장 높은 곳에서 바라보면 분수들은 낮의 무지개보다도 아름다운 갖가지 색깔로 밤의 어둠을 밝힌다.

계단마다 하나씩 자리한 분수대에서 어둠을 밝히는 즐거움도 있다.

아이들은 솟아오르다가 내리기를 되풀이하는 물을 따라서 분수대에 서서히 다가왔다가도 갑자기 맑은 웃음을 터트리고 달아난다.

아이들은 물의 술래와 지치도록 숨바꼭질을 하고서 어둠을 지새운다.

연인들은 분수의 물결에 따라 같이 흐르는 음악에 맞추어 서로 몸을 비비대거나 흔들어대기도 한다.

조금 떨어진 벤치에 앉아서 가족들은 빛이 만들어내는 물의 춤을 보고 음악을 들으면서 더위를 시킨다.

분수들의 불꽃처럼

사마르칸트에 세워져 있는
천문의 첫 번째 사원은
하늘의 비밀을 열고
그 신비로움을 우리에게 보여 주었다
(중략)
처음처럼 빛나며 발화한 별은
마지막으로 미소가 됐다.
- 고려인 3세 마르따 김의 詩, 허 알레시아 역

정말 그럴까?

그렇지 않다면 부산에 분수대들을 만들자.

다대포 꿈의 낙조 분수는 하나인 채로 그대로 두더라도 물과 빛과 음악이 어우러진 황홀경을 보여주는 분수대를 만들자.

크고 작은 분수대를 여러 개 만들어서 여름 밤하늘을 밝혀보자.

세계 3대 분수 쇼라고 일컫는 두바이, 라스베가스, 몬주익보다 더 잘 만들 수 있을까 라고 의심을 하지 말자.

TSB Bank
TSB Bank
TSB corner
TSB Bank
Established 1850
Exchange
TSB Bank

브랜드

가브로보,
유머와 풍자의 도시 브랜드화

차레베츠 성을 끼고 돌면서 타르노보에서 가브로브를 거쳐서 에테르로 흘러가는 얀트라 강

불가리아 벨리코(위대한) 타르노보(Veliko Tarnovo)에서 가브로보(Gabrovo)를 가도록 권유한 것은 이미 거쳐 간 배낭여행자들이 남겨 둔 안내판의 메모이다. 그 메모들은 가브로브를 비롯하여 아르바나시(Arbanasshi), 에테르(Etar) 등을 추천하고 가는 방법까지 자세히 적어 놓았다.

어떤 메모에는 게스트 하우스 입구의 책장에 있는 먼저 '가르보르 유머'(Gabrovo Humor)라는 책을 읽고 가도록 권유하기도 했다.

책장의 눈에 쉽게 띄는 자리에 '가브로보 유머'가 2권이나 있었다.

손때에 너들너들 닳아지고 찢겨진 책은, 세계유산백과사전이 저자이면서 출판사이고 '가르보르, 불가리아 희극과 유머, 유머와 풍자의 집, 세블리에보'가 주제어로 되어 있지만 발행 연도는 표기되어 있지 않다.

비교적 새 것 같은 책은, '가르보르 사람들에 관한 일화와 농담'을 부제로 하고, 코자레바(Veneta Kozareva)와 찬코바(Tatiāna TSankova)를 저자로, '불가리아 가르보르, 유머, 위트'를 주제어로, '가르보르 : 유머와 풍자의 집'을 출판사로 2006년에 발간한 것이다.

그 책들은 가브로보를 '불가리아 유머의 수도'로 명명하면서 지역에서 가장 유명한 유머도 소개하고 있다.

- 꼬리를 자르면 고양이가 밖으로 나갈 때 빨리 문을 닫고 방의 온기를 저장할 수 있다.
- 밤에는 톱니바퀴의 마모를 줄이기 위해서 시계를 정지시킨다.
- 당나귀에 초록 안경을 씌워 키운다면 무엇이든 건초라고 생각하기에 주인은 사육비를 절약할 수 있다.

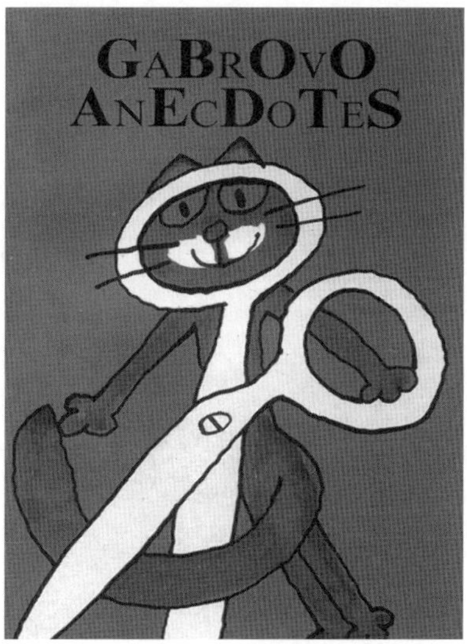

가브로보의 상징 동물-꼬리 잘린 검은 고양이

가브로보는 유머를 도시의 브랜드 이미지로, 고양이에 관한 유머에서 '꼬리 잘린 검은 고양이'을 지역의 상징으로 채택하여 널리 선전한다. 그 선전

'유머와 풍자의 집' 박물관 앞의 돈키호테와 로시난테, 산초와 당나귀 조형물

은 지역의 역사적인 문화전통이 유머에 있었다는 것으로 시작된다.

1972년 4월 1일에 연 '유머와 풍자의 집'을 1975년 박물관으로 개관함과 동시에 '독창적인 현대문화 연구소'를 설립한다.

그 연구소는 '웃음 때문에 세상은 지속된다.'라는 풍자시인 레린(Radoy RalinBorn, 1923년 4월 23일~2004년 7월 21일)의 시구를 슬로건으로 하여 전 세계에 걸쳐서 유머러스하고 풍자적인 예술작품들을 수집한다.

아울러 1973년 국제 유머 풍자 비엔날레, 1981년 국제 희극 영화 축제, 1985년 전국 이야기꾼과 농담꾼 대회 등을 개최한다. 1985년에는 불가리아 실험 풍자 다양성 극장을 개관하기도 한다.

유머와 풍자라는 단어는 지역의 모든 행사와 기관, 기구 그리고 지역민들까지 지배하게 된다. 지역민들도 스스로 서로의 특성을 유머로 이야기한다.

- 왜 가브로보 사람들은 냉장고를 사지 않습니까? 사람들은 냉장고의 문이 닫힐 때 빛이 꺼지는 것을 확신할 수 없기 때문에.
- 왜 가브로보 사람들은 책을 읽을 때 램프를 켜고 끄고 합니까? 사람들은 페이지를 넘기면서 에너지를 절약합니다.
- 왜 가브로보 사람들은 결혼식 중 양말만 신고 춤을 추나요? 사람들은 이웃 마을(부촌 세블리에보)의 음악을 듣기 때문입니다.

우리말로 번역하면 그 느낌이 와 닿지 않는데 지역민의 특성을 유머러스하게 표현한 것이라고 한다.

마을을 가로지르는 얀트라 강(Yantra River)을 따라 약 8km 정도 가면 그 지역의 역사적 문화전통을 재현한 '에테르 건축 생태환경 복합지구(Etar Architectural Ethnographic Complex)'에 이른다.

생태환경박물관 민속촌의 전통 가옥

그 지구 자체가 지역 출신 건축가 라자르 돈코브(Lazar Donkov, 1908년~1976년)가 1964년 9월 7일 설립한 '야외생태환경박물관(Open Air Ethnographic Museum)'이다.

'고향을 떠나지 말고 옛 관습을 낮춰보지 마라.'라는 그의 신조를 바탕으로 하여 박물관은 그 전체가 공동주거지를 그대로 재현하고 있다.

거리와 골목으로 이어지고 전통 가옥은 아래층의 작업실과 위층의 가족실로 되어 있다.

거리와 골목에는 하천이 흐르고 그 물의 힘으로 돌아가는 물레방아, 곡물 저장고, 빨래터 등이 있다.

작업실은 다양한 일을 하는 장인과 그 가게들, 철공상과 철물점, 무두장이와 모피상, 은세공인, 목공예인과 공예품 가게, 목수, 방직공 등으로 되어 있다.

전통 가옥의 작업실

가족실은 전통 의상과 의복들, 가재도구를 비롯한 생활 도구들을 모아 두고 있다.

민속촌을 이루고 있는 거리와 골목, 전통 가옥의 모습들은 전시관에서 사진과 그림으로 다시 재현된다.

그림 전시관은 지역 출신 화가와 그 작품을 간단한 이력을 붙여서 같이 보여준다.

그 가운데 마을의 산과 들, 가옥들, 거리와 골목을 풍경화로 그린 루시 간체브(Rusi Ganchev, 1895년~1965년)의 그림은 유난히 돋보인다.

그 역사적 문화 전통을 미술, 음악, 영화, 만화, 웹툰, 스토리텔링 등을 기반으로 한 축제로 현대화 하고, 박물관으로 보존하면서 도시브랜드화 하는 지역을 여행한 것은 우연이지만 행운이기도 하다.

지역 면적이 부산의 반에 반도 미치지 못하고 주거인구도 겨우 6만 명 정도밖에 되지 않는 곳에서 세계적인 도시브랜드를 가지고 있다는 사실은 우리를 되돌아보게 한다.

더구나 도시 스토리텔링 사업이나 축제가 채 10년도 지나지 않고 있는 우리보다도 빨리 전국 이야기꾼(story-teller)과 농담꾼(joke-teller) 대회를 시작하고 있다는 사실에 더욱더 놀랄 뿐이다.

네이피어,
아르 데코 양식으로 도시를 재생하다

오래 전 광안리 소라모양의 공중 화장실이 잠시 화제에 오른 적이 있었다. 소라 화장실은 아파트 대단지에서 해변으로 이어지는 위치에 홀로 자리 잡고 있다.

밤낮으로 사람들이 붐비는 아파트 단지, 카페거리, 횟집거리가 늘어선 해변에 그나마 예술적인 소라화장실이 있다는 것이 어딘가?

그 화장실을 보면서 사람들은 장 콕토(Jean Cocteau, 1889년 7월 5일~1963년 10월 11일)의

내 귀는 소라껍질
바다의 소리를 그리워하네

라는 시 〈귀〉를 저절로 떠올릴지도 모른다.

나의 귀는 콕토의 조개껍질
먼 바다의 소리가 들린다.
새의 지저귐도
귀뚜라미도 들린다.
귀에 손을 덧대고
나는 귀를 기울인다.
나는 지금 음악을 찾고 있다.
그러나 아무 것도 들리지 않기 시작한다. - 박남수의 시 〈귀〉 중에서

콕토의 조개껍질로 음악을 들을 수 있는 해변으로 갈까? 아마 뉴질랜드 북섬 호크스 만(Hawke's Bay)에 있는 헤이스팅스(Hastings)의 쌍둥이 도시 네이피어(Napier)에 가서 음악을 들어볼까?

적어도 네이피어의 아르 데코 페스티벌(Art Deco Festival)이나 아르 데코 주말(Art Deco Weekend)에서는 음악을 들을 수 있겠지. '아르 데코 주말 : 재즈와 저녁 기도'라는 포스터를 도심에 붙인 교회(삼위일체 감리교회 Trinity Methodist Church, 1876년 건립)에 가면 음악을 들을 수 있을 것이다.

그 입구에 '아르 데코 주말-재즈와 저녁 기도' 포스터를 붙이고 있는 삼위일체 감리교회

네이피어에 가면 여행자들은 간판을 보지 않고는 시청이나 소방서, 성당과 교회, 극장과 갤러리, 은행과 상가 등을 찾지 못한다.

건물들은 대부분 2층으로 된 직사각형으로 길게 이어져 있다.

아래층 상가들은 여행자들을 화려하게 유혹하는 것이 아니라 사려고 하면 사고, 아니면 말고 라는 신호를 보내는 듯 유리문으로 덤덤히 서 있다.

위층도 밝고 엷은 갈색의 벽면에 전혀 장식도 없이 정삼각형을 머리에 인 정사각형의 창문을 두세 개씩 붙여 놓고 일정한 간격을 두고서는 대칭으로 설치되어 있다.

지붕의 문양도 똑같은 반원을 끊임없이 반복하고 있다.

여행자들은 직선적이고 대칭적인 장식이나 문양들이 단순하고 반복적으로 이어져 있는 건축물들에 지칠 것이다.

누구에게나 자랑할 수 있다고 여겨지는 브랜드들, 밤의 환상을 불러일으키는 갖가지 색깔로 번쩍이는 네온사인에 익숙한 도시여행자들은 더욱 그럴 것이다.

그저 주저앉고 싶은 도시여행자들에게 이국적인 그림을 타일로 꾸며 놓은 건널목 표지, 신호등을 기다리며 애완견을 데리고 서 있는 우아한 여인의 동상이 조금이라도 위안이 될지도 모른다.

도심의 시가지를 지나다니는 '호크스만 특급-네이피어 시 아르 데코 일일 투어'라고 쓴 관광 전동차를 보면 여행자들은 그 건축물들을 아르 데코 양식이라고 부르는지 다시금 생각할 것이다.

아르 데코는 1925년 파리에서 개최된 '국제 장식미술 및 현대산업 박람회(Exposition Internationale des Arts Decoratifs et Industriels Mordernes)'에 연유

'호크스만 특급-네이피어 시 아르 데코 일일 투어' 관광 전동차

한 아르 데코라티프(Arts Decoratifs, 장식미술)의 약칭이다.

수공예 전문가들은 값비싼 천연재료와 인조재료를 가지고 단순하고 평면적이며 대칭적인 스타일로 세공하여 대량 생산제품–실내 벽이나 가구나 문(창문), 벽난로 등에 덧붙인다. 오늘날 아르 데코는 가구, 건축, 네일 아트, 도자기, 인테리어, 조형미술, 책, 텍스타일, 패션, 헤어스타일 등등을 설계하고 도안하는 디자인 양식으로 널리 사용된다.

아르 데코 양식이 유럽 전역에 널리 퍼지고 있을 무렵, 뉴질랜드의 여느 곳과 마찬가지로 유럽계 이주민의 도시 네이피어는 1931년 2월 3일 대지진을 겪는다.

지진으로 붕괴되었지만 도시는 지각변동으로 인하여 바닷물이 섞인 습지가 주거지와 경작지가 되면서 오히려 재건할 토지를 얻는다.

그 양식을 선도했던 윌리엄 모리스(William Morris, 1834년 3월 24일~1896년 10월 3일)가 '모든 것을 포기해서라도 인생의 소박함을 얻는다면 불행이 아니라 오히려 세련된 삶의 시작이다.'라고 한 조언을 받아들였는지 시민들은 값비싼 재료를 빼고 단순, 반복, 대칭, 직선의 문양으로 시가지를 재건축한다.

윌리암즈(E.A.Williams)가 1932년에 설계한 아르 데코 양식의 대표적인 건물

1931년 지진 이후 네이피어를 복구하는 과정을 그린 그림

도시의 건축과 기반 시설이 복구되었음에도 시민들은 지진이 일어났던 2월 3일을 결코 잊지 않는다.

시민들은 매년 2월이면 아르 데코 페스티벌과 아르 데코 투어를, 아르 데코 주말을, 아침 시장과 저녁 시장을 연다. 교회의 주말 저녁 예배시간을 알리는 포스트에까지 아르 데코라는 말을 붙인다.

이에 그치지 않고 도시의 복구 과정에 관한 기록들, 『네이피어-양식의 도시(Napier-City of Style)』(M. 라이트Wright, C. 랄프Ralph), 그리고 같은 과정을 겪었던 쌍둥이 도시 『재앙으로부터 재생까지-헤이스팅스 중심지구 1931년~1935년(From Disaster to Recovery-The Hastings CBD 1931~1935)』(M.Fowler)를 사진을 곁들여 발간한다.

시민들의 이러한 노력으로 네이피어는 2011년 유네스코 세계문화유산의 후보까지 오르고 '아르 데코 양식이 모든 뉴질랜드 사람들에게 무엇보다 뛰어난 가치로 실제 적용되었다'는 평가를 받는다.

네이피어보다 훨씬 좋은 해안 환경을 갖춘 우리 해변 도시들은 어떤가?

해변이든 아니든 재개발 지역이나 새로운 개발 지역이든 현대 건축 양식들 가운데 적합한 것을 받아들이거나 우리만의 독특한 양식으로 이름을 붙여서 거리화하거나 도시화하면 어떨까?

예술가

부에노스아이레스 카페 토르토니, 예술가들이 반란을 꿈꾸다

2016년 1월 29일 아침, 아르헨티나 부에노스아이레스(Buenos Aires, Argentina) 5월의 거리를 헤매다가 겨우 찾은 카페 토르토니(Cafe Tortoni)에서 나는 커피를 마시고 있었다.

카페 토르토니 내부

아르헨티나의 독립을 선언한 5월 혁명(1810년 5월 25일)을 기념한 5월의 탑(Piramide de Mayo)과 그 광장에서 군부 독재의 인권 탄압으로 실종자들의 안부를 기다리는 '5월 광장의 어머니들'(Madres de Plaza Mayo)이 농성하고 있는 가설 천막을 지나 5월의 거리를 산책하다가 만난 카페.

카페 토르토니 바로 뒷길에서 만난 인상 깊은 그라피티

그 카페는 벽면에 걸려 있는 빛바랜 사진들, 오래된 신문과 낡은 책 속에서만 보았던 낯익은 얼굴들 그리고 구석자리에 앉아서 춤을 추거나 담소를 나누는 낯선 얼굴의 밀랍인형들로 과거로의 시간 여행을 재촉하고 있었다.

프랑스 이민자 토안(Touan)이 1858년 파리의 이탈리아 대로에 있었던 세기말 문화엘리트들이 만나는 곳의 이름을 그대로 빌려온 카페의 시간은 19세기말로 되돌아갔다.

세기말 파리가 상류층에게는 대량 소비로 부의 능력을 과시하는 가장 행복하고 좋은 시기였듯이 부에노스아이레스도 대초원을 소유한 소수의 대농장주들에게는 절대 권력을 행사하는 최고의 시기였다.

당시 이민자들이 소수 대농장주의 절대 권력 속에서 억압받고 살았듯 그렇게 살아가면서 토안은 문화엘리트들이 세기의 전환을 일으켜주기를 바라며 파리의 카페 이름을 빌려온 것일지도 모른다.

그 희망은 프랑스 이민자 티노커칫(C.Curutchet, 1828~1925년)가 카페를 구입하고 건축가 A.크리스토퍼슨(Christophersen, 1866~1946년)이 디자인하여 1898년 현재의 자리로 옮겼을 때부터 피어난다.

카페 토르토니의 지하에 몰려던 예술가들은 프랑스 파리의 그 카페에서 세기말을 세기의 전환기로 바꾼 문화운동을 이미 알고 있기나 한 듯 '예술과 문학 그룹(Agrupación de Gente de Artes y Letras)'을 결성한다. 이어서 1926년 5월 라 페냐(La Peña, 영어로 슬픔이라는 뜻)도 결성하지만 1943년 해체되었다.

과거로의 시간여행에서 보았던 예술가들의 카페는 바다를 가로질러 내 고향 부산의 광복동 거리로 날아간다.

1970, 80년대 그 거리는 다방들－돌 다방, 백조다방, 심지 다방, 에덴 다방, 왕다방, 중앙 다방과 음악실들－무아, 미화당, 아카데미, 오아시스, 전원, 칸타빌레, 클래식, 필하모니 그리고 주점 '별들의 고향'과 양산박 등이 풍경을 이루고 있었다.

광복동 거리의 골목 한 주막에서

그 거리에서 7080세대(대략 1950~1970년 사이에 출생하여 1970~80년대에 20대를 보낸 사람들)들은 박정희에서 전두환으로 이어지는 군부독재 속에서 생존하기 위하여 뭔가에 미쳐갔다. 다방에서 시화전이나 그림 전시회를 둘러보거나 고전음악이나 대중음악을 감상하거나 술을 마시면서 노래를 부르거나 춤을 추거나 하면서 그 세대들은 그렇게 미쳐갔다.

12 · 12사태(1979년 12월 12일)로 군사반란을 일으킨 신군부세력이 1980년 11월 14일 '건전언론 육성과 창달'을 위한 언론 통폐합으로 정기 간행물 238종의 발간을 취소하여 표현의 자유를 억압하자 멍청(문학청년을 줄인 문청을 뜻하는 말)이들은 하나 둘 깨어나기 시작했다. 무크지(잡지 Magazine와 단행본 Book의 합성어) '지평'(1983년 4월)이 세상에 얼굴을 드러내기 시작했다.

그로부터 36년이 지나 마시던 커피 잔을 내려놓을 때, 카페는 여전히 약 160년 전의 분위기를 그대로 간직하고 있다. 그 카페는 예술가들이 세기의 전환을 이루진 못했지만 회원들, 작가, 화가, 음악가, 기자들 등이 모이는 지

카페 토르토니에 설치된 당시 예술가들의 밀랍인형

역의 사랑방에서 문화예술가와 사상가들이 세계의 전환을 이루는 대화의 장소로 바뀌었다.

스페인 철학사상가로 널리 알려진 오르테가 이 가세트(Ortega y Gasset, Jose, 1883년 5월 9일~1955년 10월 18일)도 조국의 내전(1936~1939년)을 피하려고 아르헨티나로 망명하여 다시 되돌아갈 때까지 카페에서 저술 작업을 하기도 했다.

뿐만 아니라 물리학자 아인슈타인(Albert Einstein, 1879년 3월 14일~1955년 4월 18일), 소설가 보르헤스(J.L.Borges, 1899년 8월 24일~1986년 6월 14일), 피아니스트 루빈스타인(Arthur Rubinstein, 1887년 1월 28일~1982년 12월 20일) 등 세계적인 유명 인사들이 부에노스아이레스를 방문하면 반드시 거쳐 가는 카페로 널리 알려진다.

카페와 다방, 문화예술가들은 서로 다른 이름의 비슷한 공간을 만남의 장소로 일상의 반란을 꿈꾼다.

카페의 술 진열장과 묘한 조화를 이루는 다녀간 사람들의 사진

카페는 부에노스아이레스에서는 문화예술과 사상의 변환을 꿈꾸는 공간에서 그 꿈을 향한 휴식의 공간으로 남아 있다. 다방은 부산에서는 문화의 불모지를 옥토로 변화시키려는 모임의 공간에서 이미 흔적도 없이 사라졌다.

약 160년 세월을 간직하고 있는 카페 토르토니에서는 커피를 마시면서 그 역사의 흔적을 되돌아볼 수 있지만 40년이 채 되지 않은 다방에서는 기억의 자취마저 사라져 버린다.

왜 우리는 역사의 흔적마저 애써 지우려고 몸부림치고 있는 것일까?

브르노,
걸으며 즐기는 밀란 쿤데라의 고향

유럽 중세 도시로의 여행에서 가장 흔히 볼 수 있는 풍경은 관광객을 태우고 다니는 꽃마차이다.

말들이 끄는 트램(Tram, 노면 전차)을 타고 도시 관광을 즐길 수 있다는 것은 그다지 흔하지 않는 경험이다.

그 경험을 체코 2번째 도시 '브르노-유럽의 중심 도시' 축제(Festival Brno-City in the center of Europe)에서 즐길 수 있다.

걷기보다는 마차, 마차보다는 트램, 트램보다는 자동차로 빨리빨리 즐기는 여행은, 높이 나는 새가 멀리는 보지만 가까이 자세히 보지 못하듯, 도시

스필베르그 성에서 본 브르노 시가지

골목길과 거리에 묻어 있는 옛 삶의 흔적들을 스쳐지나간다.

밀란 쿤데라(Milan Kundera, 1929년 4월 1일 생)의 고향 브르노는 느리게 걷기에 너무나 좋은 곳이다. 그의 소설 《느림》(La Lenteur, 1995년)에서 여행자는 관조자가 되는 행복, 고요한 한가로움을 즐길 수 있다.

> 어찌하여 느림의 즐거움은 사라져 버렸는가? 아, 어디에 있는가? 옛날의 그 한량들은? 민요들 속의 그 게으른 주인공들, 이 방앗간 저 방앗간을 어슬렁거리며 총총한 별 아래 잠자던 그 방랑객들은? 시골길, 초원, 숲속의 빈터, 자연과 더불어 사라져버렸는가?' 한 체코 격언은 그들의 그 고요한 한가로움을 하나의 은유로써 이렇게 정의하고 있다. 그들은 신의 창(窓)들을 관조하고 있다고. 신의 창들을 관조하는 자는 따분하지 않다. 그는 행복하다. 우리 세계에서 이 한가로움은 빈둥거림으로 변질되었는데, 이

파르나스 분수

는 성격이 전혀 다른 것이다. 빈둥거리는 자는 낙심한 자요, 따분해 하며, 자기에게 결여된 움직임을 끊임없이 찾고 있는 사람이다.'(김병욱 역)

고요한 한가로움으로 거리를 걸으면, 도시는 꽃마차나 트램을 타고 둘러볼 수 있는 곳과 함께 선물도 준비하고 있다.

걷기는 채소시장 광장에서 시작하고 끝맺는다.

시장 광장의 노점상들은 아침 일찍 문을 열어 갖가지 신선한 과일들과 채소들, 손수 재배한 커피와 간식들, 아이스크림 등으로 속을 채운 원뿔형의 빵 뜨르들(Trdlo)로, 겹겹이 크림을 바르고 꿀과 호두를 곁들인 카스텔라 케이크 메도브닉(Medovnik) 등을 준비하고 있다.

그 곁에는 1690년 오스트리아 건축가 폰 어라크(Johann Bernhard Fischer von Erlach, 1656년 7월 20일~1723년 4월 5일)가 1597년 르네상스 양식으로 건립된 것을 바로코 양식으로 바꾼 파르나스 분수(Parnas fountain)가 한 잔의 커피, 한 조각의 간식을 맛깔나게 돋운다.

성삼위일체 석주

커피의 향취가 사라질 때쯤이면 분수의 건너편 역시 바로크 양식으로 건립된 성삼위일체 석주(Holy Trinity Column, 1729년)가 기다리고 있다.

누군가가 석주 앞으로 다가가는

걸음걸이를 지켜보는 것 같다. 그는 세 개의 국립극장 가운데 최초로 지워진 레두타 극장(Reduta Theatre, 1615년) 입구 석주에 서 있는 천사의 날개를 단 어린 모차르트 동상이었다.

그 극장은 1767년 나이 11세의 모차르트(Wolfgang Amadeus Mozart, 1756년 1월 27일~1791년 12월 5일)와 그의 누나 마리아 안나 모차르트(Maria Anna Walburga Ignatia Mozart, 1751년 7월 30일~1829년 10월 29일)가 콘서트를 한 곳으로 더욱 유명해진 곳이다.

광장으로 이어지는 골목길은 더 먼 과거의 지하와 더 가까운 현재의 박물관으로 이어져 있다. 광장의 지하 속에 있는 고대 미로는 끝을 알 수 없는 길로 이어져 있어 가이드의 안내에 따라서 빈둥거리거나 허둥지둥 지나치게 된다.

채소 광장시장에서 모라비안 박물관으로 가는 골목길의 예술포스터들

모라비안 박물관(Moravian Museum, 1817년 건립)은 체코 동부지역 모라비아의 역사, 모라비아인의 삶과 문화를 담고 있다. 그리고 박물관은 식물학자 멘델(Gregor Mendel, 1822년 7월 20일~1884년 1월 6일), 국민음악가 레오

시 야나체크(Leos Janacek, 1854년 7월 3일~1928년 8월 12일)를 중심으로 과학과 예술의 세계도 담고 있다.

성과 속의 천사와 함께 다시 만나는 위대한 인물들도 도시의 과거를 영광스럽게 할뿐, 현재를 더욱더 풍요롭게 하지는 않는다.

도시는 천상에서 지상으로, 과거에서 현재로, 동상에서 시민으로, 박제들의 전시에서 살아 움직이는 활동하는 생명 활동으로 바뀌었다.

골목길에서 살아 있는 예술 활동을 만나게 되는 것은 도시가 현재 주는 선물일 것이다.

실험극 센터 스톨루 극장 입구
창문에 걸터앉아 있는 인물상

실험극센터 스톨루 극장 벽의
그라피티와 그 골목길의 조각

실험극 센터와 실험극 이후 센터, 스톨루 극장(Divadlo U Stolu 탁상극장)과 후사 극장(Divadlo Husa Na Provazku, 거위 극장)의 입구에는 창틀에 걸터앉은 그 누군가가 공연을 즐겁게 보라는 듯 따뜻한 시선을 보내는 것 같다.

극장의 벽에 그려져 있는 그라피티는 공연을 보고 난 뒤 한 잔의 커피가 여유로움을 가져다준다고 일러주는 것 같다.

시장 광장을 시작하여 구시가지로 가는 길은 자유 광장으로 이어진다.

광장에서 광장으로 이어지는 골목길에 접어들 무렵, 매주 일요일에는 구시청사의 옥상 첨탑에서 울려 퍼지는 환영의 음악을 들을 수 있다.

구시청사에서 악기를 연주하는 사람들과 구시청사의 옥상 첨탑

음악을 취미로 몇몇 시민들이 일요일 광장 주위 성당의 종소리에 이어 첨탑에서 관악기를 연주한다.

몇 백 년 동안 울려 퍼진 성스러운 종소리에 이제야 시민들이 화답을 하는 것 같다.

도시는 여행자들에게 과거의 유적을 보여주면서 현재 시민들의 음악도 들려준다.

도시문화는 과거의 역사가 아니라 시민이 자발적으로 참여하여 있는 예술 활동으로서 더욱더 풍요로워진다.

시민의 동의와 지지 그리고 자발적인 참여가 없이 도시 문화는 이루어지지도 풍요로워지지도 않는다.

뒤안길의 후미진 곳에서 연주와 전시 활동을 하는 소모임의 시민들이 골목길로 거리로 광장으로 나와서 예술을 도시 전역에 울려 퍼지도록 하자.

빌뉴스 우주피스 공화국, 예술가의 이상향

올해 5월 슬로베니아 류블랴나 대학교에서 만난 라트비아대학 서 교수는 여름 배낭여행을 발트 삼국으로 정했다는 말을 듣자마자 우주피스 공화국(The Republic of Uzupis)을 소개했다.

인터넷에서 우주피스 공화국으로 검색을 하다가 만난 동명의 하일지 장편소설을 구입하고 여정을 시작했다.

> "그렇다면 나 말고도 우주피스 공화국을 찾는 사람이 있었단 말인가요?"
>
> "있었지. 몇 년 전에. 그 사람도 당신처럼 생긴 동양인이었을 거야. 카자흐스탄이나 우즈베키스탄 사람이었을지도 모르지. 아니, 어쩌면 당신처럼 훈에서 왔을지도 모르겠군."
>
> "그 사람은 어떻게 됐나요?"
>
> (…)
>
> "죽었지. 우주피스 공화국으로 간다고 며칠 동안 빌뉴스를 헤매다가 결국에는 권총 자살을 했지" - 하일지의 소설 《우주피스 공화국》

'빌뉴스를 헤매다가 결국 권총 자살을' 할 정도로 찾고 싶고, 그만큼 찾기 어려운 우주피스 공화국이 있다는 것인가? 있다면 도대체 어떤 공화국일까?

리투아니아(Lithuania) 수도 빌뉴스(Vilnius)의 구시가지 게스트하우스에 여장을 풀고 공화국의 위치를 물어보자 주인은 자살이 소설 속에서만 허구로서만 가능하다는 무언의 표정으로 지도 한 장을 선뜻 건넨다.

지도에는 우주피스가 구시가지를 감싸고 가로지르는 듯 흐르는 빌니아 강(Vilnia River)의 건너편에 표시되어 있다.

우주피스 공화국의 안내판

게디미나스 성(Gediminas Castle, 1323년 건축)을 끼고 흐르는 빌니아 강변 산책로를 따라서 베르나르딘 공원(Bernardine Park) 쪽으로 가면서 왜 공화국을 찾아 가는지에 대한 스스로의 의문이 가시지 않는다.

공원을 지나 러시아 정교회 성당 옆 공화국의 간판을 보고 다리를 건너 드디어 도착한 공화국.

공화국을 알리는 간판을 보고 다리를 다 건널 때까지 만난 것은 그 철골구조물 사이에 이름을 써서 끼어 놓은 그다지 많지도 않은 녹슨 자물쇠들뿐이다.

그 철골구조물에 끼어 놓을 수 있을 자물쇠의 숫자만큼 '빌뉴스를 헤매다가 결국에는' 끼어진 수만큼 밖에 공화국을 오지 못한다는 것을 다리는 보여주고 있는 것일까?

다리를 건너자마자 입국자들을 기다리는 것은 레스토랑과 그 입구에 음식메뉴판과 같이 있는 공화국에 관한 팸플릿이다.

팸플릿은 리투아니아 공화국과 그 속의 공화국에 관해서는 자세히 설명하지 않는다.

공화국의 다리를 건너기 직전에 걸어온 길, 러시아 정교회 성당에서 베르나르딘 공원까지 거슬러 가면, 역사의 시간은 제2차 세계대전으로 되돌아간다.

당시 강의 건너편은 빌뉴스를 문화생활의 중심지로 살았던 유대인의 베르나르딘 공동묘지가 있었던 곳, 유대인을 학살한 나치의 홀로코스트(Holocaust, 1933~1945년 사이의 대학살)와 소련의 강제 점령과 변방으로의 편입으로 인하여 폐허가 된 우주피스 지역이다.

도시 외곽의 폐허는 비바람도 가리기 어려운 낡은 주택과 빈 집들로 가득하지만 사회에 적응하지 못하고 관습을 거부하면서 방랑하는 자유분방한

우주피스공화국에 있는 예술가들의 창작실

예술가들에게는 오히려 보금자리가 된다.

1990년 3월 리투아니아는 빌뉴스에서 라트비아 리가(Latvia Riga)를 거쳐서 에스토니아 탈린(Estonia Tallinn)에 이르기까지 발트 삼국의 시민 200여만 명이 거리에서 손을 잡고 600km 행렬을 이룬 노래 혁명(Singing Revolution)으로 독립을 한다.

독립 이후에도 계속 예술가들이 찾아오자, 시인 겸 영화감독 릴레이키스(Romas Lileikis)와 체파이스티스(Thomas Chepaitis)가 주도하여 예술가들만의 세계를 만들고자 공화국을 선포한다.

공화국은 모든 억압과 관습으로부터 벗어나 예술의 세계를 창조하는 무한 자유지역, 예술가들의 이상향이다.

예술가들은 국기와 헌법, 국가와 군대, 대통령과 내각의 구성 등과 함께 1997년 4월 1일 공화국을 선포하고 매년 4월 1일 국경일로 정한다.

우주피스공화국의 헌법 전문을 25개 국어로 새겨 놓은 것

공화국은 '다시 싸우지 않는다.', '이기지 않는다.', '항복하지 않는다.'를 모토로 하여 타인과 애완동물 개, 고양이의 권리를 방해하지 않는 범위에서 개인의 권리를 무한히 보장한다.

오직 헌법에서 부가한 하나의 의무

는 '고양이는 그의 주인을 반드시 사랑해야하는 것은 아니지만 어려움에 처했을 때에는 반드시 도와주야 한다.(제13조)' 는 것뿐이다.

예술가들은 언제나 새로운 세계를 창조하기 위해서 이상향을 꿈꾼다. 무한 자유를 꿈꾸는 권리는 예술가의 특권이다.

빌뉴스 문학의 거리 벽에서 본 표제

1957년 11월 우리나라에서도

아, 시인들의 나라에는 당파싸움이 없다.
시인들의 나라에는 피흘림과 살인,
시인들의 나라에는 학살이 없다.
시인들의 나라에는 강제수용소가 없다.
시인들의 나라에는 공포가 없다.
시인들의 나라에는 집 없는 아이가 없다.
시인들의 나라에는 굶주림이 없다.

시인들의 나라에는 헐벗음이 없다.
시인들의 나라에는 거짓말이 없다.
시인들의 나라에는 음란이 없다.
그리하여 아, 절대의 평화, 절대의 평등,
절대의 자유와 절대의 사랑.
사랑으로 스스로가 스스로를 다스리고,
사랑으로 이웃을 이웃들을 받드는,
시인들의 나라는 시인들의 비원
오랜 오랜 기다림이 이루어져야 할 것이다.
- 박두진의 〈시인공화국〉 중에서

시인의 나라는 아직도 이루어지지 않는다.

왜 한 동양인이 '우주피스 공화국으로 간다고 며칠 동안 빌뉴스를 헤매다가 결국에는 권총 자살을 했'는지 이제야 알 수 있을 것 같다.

시인공화국을 건국하려는 '역사는 계속되고 열정도 남는다.'

산티아고 산크리스토발 언덕, 파블로 네루다와 수난의 그라피티

지난 해 10월 29일부터 올해 3월 11일 간 134일간의 대장정으로 촛불집회는 끝이 나고 제18대 대통령이 탄핵되고 제19대 대통령 선거가 채 일주일도 남지 않았다.

이번 선거에는 촛불집회에서 목이 터지도록 외쳤던 '대한민국은 민주공화국이다.'라는 노래를 다시 거리에서 떼창하지 않도록 책상머리에만 앉아 있지 말자.

내가 책을 덮을 때
나는 삶을 연다.
(…)
책이여, 나를 놓아다오.
나는 여러 권의 책으로 뒤덮이지 않으련다.
(…)
신화에서 자유롭게 책들은 서가로 보내자.
나는 거리로 나가련다.
나는 삶 자체에서
삶을 배웠고,
단 한 번의 키스에서 사랑을 배웠으며
사람들과 함께 싸우고

그들의 말을 내 노래 속에서 말하며
그들과 더불어 산 것 말고는
누구한테 어떤 것도 가르칠 수 없었다.

- 파블로 네루다의 시 '책에 부치는 노래'(정현종 역) 중에서

책을 덮고 더불어 살아간다는 것의 가르침을 받으려 파블로 네루다(Pablo Neruda, 1904년 7월 12일~1973년 9월 23일)의 집으로 가자.

이슬라네그라 해안에 있는 네루다의 집과 두상

이제는 박물관으로 바뀐 그의 옛 집에서 역사의 가르침을 되새기자.

스페인 내전을 겪은 다음 해 1937년 귀국하면서 그는 이슬라 네그라(Isla Negra)에 정착하여 좌우 이념의 대결이 국가와 민족을 황폐화 시킨다는 것을 모두에게 알리려고 서사시 '모두의 노래(Canto General)'을 창작한다.

이 작품에서처럼 어떤 억압에도 민중에 대한 믿음과 희망을 버리지 않고 견딘 그의 인간됨을 널리 알리려고 안토니오 스카르메타(Antonio Skármeta, 1940년 11월 7일 생)는 이슬라 네그라의 집을 배경으로 하여 '네루다의 우편

배달부'(원제 : 불타는 인내 Ardiente Paciencia)라는 제목으로 연극을, 라디오 방송극을, 영화(1982년)를, 소설(1985년)을 창작한다.

1949년 '천국(paraíso, paradise)의 계곡(Val, Valley)'이라는 뜻을 가진 해변도시 발파라이소(Valparaíso)에서 두 번째 집 '라 세바스티아나(La Sebastiana)'를 짓고자 하지만 그는 정치적 폭력을 피해 2월 24일 아르헨티나로 탈출한다.

그는 '라 세바스티아나'를 미완성인 채로 그대로 두었다가 1961년에야 완성한다.

1952년 8월 13일 지명수배가 해제되어 다시 귀국한 다음 해, 그는 연인 마틸데 우루티아(Matilde Urrutia)와의 사적인 생활을 위한 산티아고 산크리스토발 언덕에 집을 짓고자 한다.

로리게스 아리아스(Rodríguez Arias, 스페인 건축가 1902년~1987년)가 건축한 집을 그는 '라 챠스코나(La Chascona)'라는 이름으로 명명한다.

산크리스토발 언덕에 있는 파블로 네루다의 집 라 챠스코나 입구의 그라피티

'머리털을 산발한 사람'이라는 뜻의 이름은 그가 그녀의 숱이 많고 엉클어진 머리 모양에서 붙인 것이다.

둘이서만 함께 지낸 '라 챠스코나(La Chascona)'는 그가 자서전에서 '내가 쓴 시를 합하면 7천여 쪽쯤 될 것이다. 그런데 정치를 주제로 쓴 것은 4쪽도 되지 않는다. 나는 오히려 사랑을 더 자주 노래한다."라고 말한 의미를 되새기게 한다.

인근 산타마리아 병원에서 최후를 맞이한 그는 친구들에 둘러싸여 사랑으로 가득 찬 그 집에 잠시 머물다가 산크리스토발 언덕(Cerro San Cristobal)을 올라갔을 것이다.

1536년 원주민과의 전쟁에서 승리를 한 스페인 정복자가 가톨릭 성인의 이름을 따서 붙인 산크리스토발 언덕에서 그는 칠레의 수호성인 산티아고(Santiago, St. Jacobus의 스페인이름)에게 조국과 민중에 대한 사랑의 기도를 드리고는 동쪽(안데스 Andes의 말뜻)으로 훨훨 날아가 산맥 너머로 사라졌을 것이다.

그를 죽음으로 내몬 피노체트(Augusto Pinochet Ugarte)의 군사독재 기간(1973년 9월 11일~1997년 3월 10일) 동안, 산크리스토발 언덕에서부터 그의 집을 지

산크리스토발 언덕에서 산타 마리아 거리에 이르는 골목마다 그려진 그라피티

나서 산타 마리아 거리에 이르는 골목에는 그라피티들이 그려지기 시작한다.

그 언덕에는 1918년 스페인으로부터 독립 100주년을 기념해 프랑스에서 칠레에 선물한 성모 마리아상(길이 14m)과 작은 성당이 있다.

그 동상에서부터 언덕 입구까지 내려오는 산책로에는 '나는 유치원생이다', '모든 것의 완성을 위하여', '아버지 하느님 그들이 무엇을 하고 있는지도 모른다는 것을 용서하시기 바랍니다.' 등등 여러 표현과 함께 그라피티가 그려진 십자가상들이 늘어서 있다.

피노체트 군부독재 시절 민중이 받은 고통을 치유해달라는 간절한 기도를 담은 십자가 그라피티

'모든 것이 이루어지다'라는 소망을 표현한 그라피티

예수의 고난과 인간의 구원을 뜻하는 십자가에 그것이 상징하는 이미지와는 전혀 다른 그라피티를 그린 것은 군사독재기간 동안 민중들이 받은 고통을 구원해 달라는 간절한 기도와 구원받지 못한 절박한 절망감을 표현한 것일지도 모른다.

언덕을 내려서서 산타 마리아 거리에 이르는 골목마다 그려진 그라피티는 때로는 낙서와 함께 다양한 모습을 보여준다.

산크리스토발 언덕 수난의 그라피티에서 뒷골목 다양한 그라피티에 이르기까지 네루다와 그의 후손들은 더불어 사는 삶을 노래한다.

삶은 책 속에 있지 않고 사람과 함께 싸우면서 더불어 사는 것에 있다.

그 더불어 살 수 있는 삶은 우리 모두가 선택하는 것이다. 그렇다, 먼저 나부터 선택의 길을 시작하자.

프라하,
카프카의 예술적 초상을 찾아서

카프카 박물관에 전시된 책 '프라하에서의 카프카'

체코 프라하(Prague, Czech Republic)로 여행을 가고자 작정한 것은 소설가 프란츠 카프카(Franz Kafka, 1883년 7월 3일~1924년 6월 3일)에 관한 스스로의 어떤 기억을 확인하고자 했기 때문이다.

그 기억은 1976년 5월 18일 '개교 30주년 기념 부대 문학의 밤'(『부대신문』, 1976년 5월 24일) 모노드라마 '학술원에 보내는 보고서(Ein Bericht für eine Akademie, 1917년 창작)' 공연으로 거슬러 간다.

그 공연이 초연이라는 것을 가르쳐 준 것은 1977년 8월 20일 시작된 추송웅(1941년 9월 4일~1985년 12월 29일)의 모노드라마 '빨간 피터의 고백'(원제-학술원에 보내는 보고서) 이었다.

그 기억은 공연의 출발이 배우 추송웅이 아니라 부대문학회, 우리의 것이라고 자부하면서 부산대학교 장전 캠퍼스 대학극장 앞 솔밭에서 밤새 통음을 한 문학청년의 자만심으로 가득 차 있었다.

조각가 체르니가 조각하여 콰다리오 쇼핑센터 입구에 설치한 '카프카의 움직이는 두상'

그 되살아난 기억을 소중히 간직한 채, 스스로 여정을 '카프카의 예술적 초상을 찾아서'라고 정했다.

프라하에서 처음 만난 것은 신구 시가지의 경계지역에 있는 콰다리오(Quadrio) 쇼핑센터 입구에 하얀 강철로 된 '카프카의 움직이는 두상'(Moving Head of Franz Kafka)이다. 제작자는 데이비드 체르니(David Černý, 1967년 12월 15일 프라하 태생), 제작 연도는 2014년이다. ('카프카의 두상'은 체르니가 2007년 미국 노스캐롤라이나 주 샬렛의 화이트홀 협력센터 입구에 제작, 설치한 '금속 거울 분수 metalmorphosis mirror fountain'와 유사한 작품이다.)

두상은 서로 달리 움직이는 하얀 강철판 42개를 11미터의 높이에 쌓아서 그 판들이 정렬하는 위치에 따라서 그의 얼굴로 형상화 되고 결코 한 곳에 오래 머물지 않고 시시각각 변화한다.

그는 소설 〈변신 Die Verwandlung〉'(1912년 창작)에서 사람이 벌레로, '학술원에 보내는 보고서'에서 원숭이가 사람으로 변한 이야기를 들려주었지만, '두상'은 시시각각 움직이면서 얼굴이 되는 순간의 위치와 그 시선의 방향이 변하는 것을 보여준다.

두상을 제작하면서 체르니는 몽상의 길로 빠져들며 스스로 마음앓이를 하는 카프카의 성격을 표현했다고 한다.

그의 마음앓이는 무엇일까?

도시를 가로지르는 블타바 강 건너 프라하 성안 황금소로(Zlatá Ulička) 22호집에서 그는 2년 동안(1916년 11월~1917년 5월) 살았다.

17세기 무렵 연금술사가 살았던 골목, 황금소로의 집에서 그는 첫 연인 '펠리체에게 보낸 편지 Briefe an Felice'(1912년~1917년)에서 '방 안에 단 혼자 있다는 것은 삶의 전제조건인 것 같습니다'라고 하면서.

혼자 집 안에 있다는 것은 -엄밀히 말하자면 때때로 혼자 있는 것이지만- 행복의 전제조건인 것 같습니다.'(배동섭 역)

라고 말한다.

정말 삶은 홀로 살아가는 것이며 행복인가?

황금소로에서 블타바 강으로 1km 정도 걸어가면 말라 스트라나(Malá Strana)에 카프카박물관이 있다.

2005년 조각가 체르니가 제작하여 카프카 박물관 입구에 설치한 '오줌 누는 동상'

박물관 앞에서 그는, 왼손을 옆구리에 붙이고 오른 손으로 남성을 잡고 작은 물웅덩이에 소변을 보고 있는 쌍둥이의 형상으로 서 있다.

그 동상도 역시 체르니가 2005년에 제작하여 '오줌 누는 동상 peeing statue'이라고 이름을 붙인다.

그 동상을 지나 박물관으로 들어가면 전시관 'K의 도시'(정식명칭 : K. 프란츠 카프카의 도시와 프라하')를 보여주고 있다.

2003년 조각가 로나가 그의 첫 소설 '아메리카'의 한 장면에 영감을 얻어 제작하여
옛 유대인지구에서 설치한 동상

프라하에서 그는 당시 주류를 이루었던 독일계 지식인으로부터, 유대 민족주의 운동(시온주의) 세력으로부터 배척을 받는다.

그래서 그는 혼자 있음이 삶과 행복의 전제 조건이라고 했는지도 모른다.

홀로 있기에 살아있고 행복하다는 그는 1924년 세 누이동생이 강제수용소에 유배되어 살해된 바로 그때 죽음을 맞이한다.

옛 유대인 공동묘지에 묻혔지만 그는 첫 소설작품 '아메리카 Amerika' (혹은 실종자 Der Verschollene, 1912년 창작)의 배경으로 되돌아가서는 동상으로 남아 있다.

그 동상은 2003년 조각가 로나(Jaroslav Róna, 1957년 4월 27일 프라하 태생)가 첫 소설 '아메리카'의 한 장면, 곧 '선거 캠페인을 하는 동안 거인의 어깨에 목말을 탄 후보자가 거리를 가로질러 간다.'를 보고 제작한 것이다.

동상에서 그는 두상과 양손이 없는 채 양복 상의를 입고 있는 거인의 어깨 위에 목말을 타고 있다. 소설 '아메리카(실종자)'가 현실에서 고통으로 살아온 주인공이 피안의 세계로 실종된 미완의 작품이듯이, 죽음이라는 피안의 세계로 실종된 그가 우리에게 던진 질문과 그 대답은 여전히 남겨져 있다.

카프카의 예술적 초상을 찾아서 둘러 본 프라하에서 여정은 계속될 것이다.

그러면서 가끔은 내 스스로에게도 질문할 것이다.

삶이란 무엇인가? 행복이란 무엇인가?

귀국하여 고향으로 되돌아가면 삶과 행복이 무엇인지에 관한 답이 주어질 것이라는 희망도 가질 것이다.

내 고향의 선구적인 예술가들은 최소한 힌트라도 줄 것이다.

자기 이름을 빌어서 최소한 문학관이라도 가지고 있는 소설가들의 작품들은 우리에게 소중한 계기를 줄 것이다.

그래 지역 선구자의 기념관일지라도 찾아가 보자.

후에 탄 토완 마을,
옛 노래와 옛 이야기 그리고 즉흥시

베트남 후에(Hue)로 여행은 부산에서 다낭(Da Nang)까지 처음으로 취항하는 저가비행기의 할인행사로 갑자기 다가온 것이다.

무엇보다도 그 취항 노선으로 유네스코 세계문화유산지역 호이안 고대도시(Hoi An Ancient Town, 1999년)와 후에 기념물 복합지구(Complex of Hué Monuments, 1993년)을 둘러볼 수 있기 때문이다.

다낭에서 후에로 넘어가는 길가 마을

자정이 지난 무렵 다낭 국제공항에 내려 택시를 타고 간 곳은 훼의 여행자 거리 프랑스 지구(France Quarter)이다. 향강(Perfume River) 강변 포장마차에서 우연히 만난 현지인 여행가이드 빌딘(Bill Dinh, 1979년 10월 15일 생)과 함께 탐짱(Tam Giang) 라군(Lagoon, 해안이나 해저의 퇴적물이 파도나 연안 해류의 작용을 받아 형성된 석호)으로 가는 행운이 찾아온다.

취향을 이미 알고 있다는 듯 그는 랑 자 바우(Lang Xa Bau) 마을 장터에 오토바이를 세우고는 한 농가로 걸어 들어간다. 농가는, 곧 바스러질 듯한 폐가도, 갓 지워 거푸집의 흔적이 남아있는 슬래브 집도 아니다. 베트남 마지막 응우옌 왕조(Nguyen, 1802년~1945년)의 수도로서 인도차이나 전쟁(1946년 12월 19일~1954년 8월 1일, 1955년 11월 1일~1975년 4월 30일)의 폭풍을 맞고서도 견뎌낸 낡은 기와집이다.

도롱이를 쓰고 옛 노래를 들려주는 할머니

집안에 들어서면 경작 도구(쟁기, 괭이, 써레, 쇠스랑 등), 제초 도구(갈퀴, 낫, 칼 등), 관개도구(양동이, 물막이 등), 탈곡 도구(홍두깨, 고무래, 탈곡기 등)으로 정렬해 놓은 농사기구들이 오랜 연륜을 자랑하고 있다.

식구들은 논으로 나가고 집안을 지키고 있는 할머니는, 그 친구가 건네는 말-추측컨대 한국에서 온 자기 친구라고 소개한 듯 말을 듣고는 집안의 도구를 이용하여 노래를 곁들이면서 여러 동작을 재현하면서 보여준다. 한 손으로 그네를 흔들고 다른 한 손으로 손부채질을 하며 자장가를 불러서 아이를 잠재우는 모습, 도롱이를 쓰고 노래를 부르면서 비오는 하늘을 바라보는 모습, 노래를 부르면서 물수레를 돌리거나, 방아를 찧거나 하는 모습.

그는 할머니가 부르는 노래를 자기도 어릴 적에 들은 가장 널리 알려진 자장가 '좋은 밤 잠'이라고 한다. 그 노래는 모내기를 마치고 물고기를 잡아 집으로 돌아와서는 아기에게 먹이겠다는 내용으로 되어 있다고 한다.

탄 토완 마을을 그린 풍경화

농가를 나와 후앙 쿡 강변(Hoang Quoc River)을 따라서 걷다가 탄 토안 기와지붕 다리(Thanh Toan Tile-Roofed Bridge)에 이른다.

다리는 1990년 7월 14일 문화부에 의해서 '국가 문화 흔적'으로 인정된 만큼 오랜 역사 속의 이야기를 가지고 있다.

그 역사는 1306년 무렵 푸 쑤안(Phu Xuan, 후에의 옛 지명)이 형성되면서 이주민들의 이입으로 1471년 무렵 탄 토안 마을이 새로운 정착지로 확장된다. 이주민들 가운데 중부지역에서 온 진(陳)씨 가문(the Tran family)의 6대 손녀 트란 티 다오 (Tran Thi Dao)가 1776년 다리를 건설한다. 다리는 길이 43미터, 너비 14미터에 2열 난간과 나무로 된 플랫폼 그리고 기와지붕으로 되어 있다.

다리만큼 그녀의 아름다운 이야기도 전해진다. 그녀가 마을사람의 편의를 위해 다리를 세워서 기증하자, 당시 르 히엔 통 왕(King Le Hien Tong, 1717년~1786년)은 지역 토산물의 공납을 면제해 준다.

고위 관리의 아내로서 도덕적 의무와 사회적 책임을 다하여 마을사람들을 돌본 그녀의 이야기는 후에 축제(Hue Festival)로 이어진다. 다리에서 축제의 개막식과 '시골 축제 합창단'의 개막 공연, '시(詩)의 밤'과 '시골 장터 축제'도 열린다.

다리의 역사 속에서 숨어있던 이야기가 채 끝나기도 전에 우리는 누가 빨

문화부에 의해서 1990년 7월 14일 '국가 문화 흔적'으로 인정된 기와지붕 다리

리라고 할 것도 없이 더위를 식혀줄 가게를 찾아 나선다. 냉커피와 아이스크림이 더위를 조금이라도 쫓아내어주고 탐짱 라군으로 가는 배에 올라탈 때까지 그는 여전히 누군가를 찾고 있다.

그는 아직 포기하기는 이르다고 느꼈는지 열심히 인터넷 검색을 하다가 화면을 보여준다. 화면은 가게 앞 물통을 배경으로 앉아 있는 지극히 평범한 가게 여주인의 사진이다. 그 제목은 '다리에 대한 시 전문가 물장수 응우엔 티 킨(Nguyen Thi Kình', -단리 (Dan Tri, The Vietnamese Forum, 2012년 6월 21일)이다. 손님이 물이나 음료수를 사러 가게에 오면 그녀는 즉흥적으로 시를 읽어준다.

그녀는 '여기 물에 발을 담그고 앉아서 다리, 강, 들판을 보니 너무 아름다워 시를 즉흥으로 노래한다.' 하면서 '나는 현장을 보고 노래를 하고 만든다.' 라고 한다. 그녀의 노래 가사가 귓가를 맴도는 것 같다.

탐쩡 라군

우리나라에는 아름다운 다리가 있다.
아름다운 다리의 절곡
다리 이름 탄 토안
녹색 나무 박물관을 보는 바람을 마시는 다리
나는 시골의 다리에 있다.

라군에 도착하여 여행의 행운으로 푸르디푸른 하늘을 이고 있는 넓은 호수를 바라본다.

저 멀리서 요산 선생님이 '사람답게 살아라.', 김중하 선생님이 '시가 뭐지?' 하는 소리가 들려온다. 탄 토안 마을에서 다시 묻는다. 어떻게 살아가야 하는가? 문학이란 무엇인가?

지하철 역

타슈켄트 지하철 역, 문화의 플랫폼

남매 듀오 악동 뮤지션의 '지하철에서'를 꼭 듣지 않아도 전동차의 풍경은 벽에 걸린 한 장의 붙박이 사진 같다.

그래서 그런지 지하철 승차장에는 아름다운 시와 삶에 관한 명언 등이 벽면을 장식하고 화장실에는 도시 풍경과 지역 명소의 사진들이 걸려 있는지도 모른다.

지하철을 기다리는 시민들은 전동차가 잘 드나들 수 있도록 만들어진 지하 시멘트 동굴에서 문화예술의 향취를 느낄 수 있을까?

우즈베키스탄의 타슈켄트 지하철(Tashkent Metro)은 도시 문화예술의 향기를 품고 있다.

타슈켄트 지하철 역

소련의 통치 아래 1977년에 지어진 지하철은 크렘린 궁전의 내부와 같은 모스크바 지하철의 화려

함에 결코 미치지 못한다.

더구나 세계적인 화가들의 작품을 가장 많이 전시하고 있는 스톡홀름 지하철만큼 자본주의적 풍요로움도 전혀 가지고 있지 않다.

그러나 그 지하철 승차장으로 가는 길은 조금만 한눈을 팔아도 끔찍한 사고로 이어지는 에스칼레이트를 타지 않아도, 소음과 진동을 견디면서 혼탁한 공기를 마시지 않아도 된다. 물론 지하철 바깥에는 끝이 보이지 않는 거대한 시멘트 빌딩들, 날아갈 듯 재빠르게 달려가는 자동차들, 소음과 매연으로 가득 덮인 잿빛 거리가 기다리고 있지도 않다.

그 지하철은 칠란자르 노선(Chilonzor Line, 1977년 개통), 우즈베키스탄 노선(O'zbekiston Line, 1984년 개통), 유노사바드 노선(Yunusobod Line, 2001년 부분 개통, 현재 공사 중)으로 되어 있다.

특히 우즈베키스탄 노선 가운데 초르수(Chorsu) 역과 타슈켄트(Toshkent) 역 사이 약 9km의 거리에는 궁전, 극장, 모스크(사원), 박물관, 시장, 연주 홀

타슈켄트에서 가장 크고 오래된 현지시장인 초르수 바자르

과 전시관 등이 밀집되어 있다.

초르수 역과 초르수 바자르는 바로 연결되어 있다.

네 개의 물길이 만나는 교차로(초르수, Chorsu)와 지붕이 있는 시장(바자르, Bazaar)이 결합된 초르수 바자르는 1570년 무렵에 형성된 구시가지의 중심지이다.

푸른 색 돔형으로 된 거대한 바자르는 특정 물품들만 사고파는 작은 시장들로 되어 있다.

그 가운데 식당 시장은 현지 음식들, 뿔릅 혹은 오쉬(plov or osh, 볶음밥), 슈르파(shurpa, 고기 채소 국)와 라그만(lagman, 짬뽕), 쌈사와 만띄(somsa, manti, 만두) 그리고 샤실릭(shashlik, 꼬치구이) 등으로 사람들이 그냥 지나치도록 놓아주질 않는다.

더구나 불과 3,4분 거리에 있는 국가 서커스단은 갖가지 묘기와 곡예를 보여주면서 식당가에서 부풀어 오른 포만감을 식혀준다.

알리쉐르 나보이 역으로 가는 길에 예술작품 발표회를 알리는 포스터들이 걸린 벽면

그 다음 알리쉐르 나보이(Alisher Navoi) 역으로 가는 길에 세워진 벽면과 나무 가지 사이에 걸린 현수막에는 문학 발표와 영화 안내, 연극과 무용 공연, 음악 연주회 등을 알리는 포스터들이 바람결에 나부끼고 있다.

그 뒤편에는 차가타이어(터키 동부지방의 방언)로 작품을 쓴 가장 위대한 시인이자 문필가 알리쉐르 나보이(1441년 2월 9일~1501년 1월 3일)의 동상을 중심으로 그의 이름을 딴 문학박물관, 오페라 발레 극장, 청소년 극장이 한 건물로 연결되어 있다.

그 건물은 레닌의 묘를 디자인한 시추세프(A.Shchusev, 1873년~1949년)가 1942년에서부터 1947년까지 일본군 포로를 동원하여 지은 것이다.

문학, 연극, 오페라와 발레 등 문화예술의 향연은 대도로 이어진 다음 우즈베키스탄 역으로 가는 길에서는 사라질 것이다.

그 향연은 공원과 광장을 거쳐서 가는 다다음 코스모나브트라르(Kosmonavtlar)

나보이 역에서 코스모나브트라르 역으로 가는 공원 숲길에 있는 벽면 조각

독립기념공원에 있는 영원한 어머니 상-꺼지지 않는 영원한 어머니의 불

역에서는 사라지지 않을 것이다.

공원 숲길을 걸어가면 1991년 소련의 해체와 우즈베키스탄의 독립을 기념하는 조각상들을 만나면서 역사까지 만난다면 더없이 좋을 것이다.

우즈베키스탄 역사박물관(1876년 개관)과 티무르 역사박물관(1996년 개관)에서는 건국의 역사와 영웅의 이야기를 들려줄 것이다.

그 이야기들은 아무르 티모르 광장 뒤편 할리우드 거리에서는 인기 스타들의 초상화들로, 옛 인물들의 초상화로 전시될 것이다.

그 이야기들은 1991년 독립을 전후로 일어났던 문화의 역사도 볼쇼이 나보이 극장(1947년 개관)과 예술아카데미 중앙 전시관(1974년 개관), 청년창의성의 궁전(2008년 개관)에서 공연으로 보여줄 것이다.

아니 그 공연은 다음 오이벡(Oybek) 역에서는 예술작품으로 계속 보여줄 것이다.

19세기와 20세기 응용 예술품보다는, 응용예술 박물관(1927년 개관)은 그 건물 자체의 매력을, 국립 예술 박물관(1935년 개관, 1924년 개관한 타슈켄트 예술박물관의 후신)은 19세기 이전과 20세기 이후의 예술품을 감상하게 한다.

문학과 예술, 문화와 역사를 만나 다음 타슈켄트 역에서 기다리고 있는 것은 무엇일까?

역에서 내려 건강박물관과 철도박물관 마저 둘러보고는 여행자는 고려인 시장 까스삐딸리 바자르(Gospitalny Bazaar) 로 가서 크브라이(Qibray) 같은 현지 맥주를 즐기면서 여정을 뒤돌아보거나 석양을 바라보면서 고향 생각을 할지도 모른다.

우리 부산에도 지하철이 4호선까지 있는데 그 전통차를 타고서 악동 뮤지션은 무엇을 하고 어디로 가고 있을까?

'연간 지하철 시 선집'이나 '모음집'에서 시를 읽고 있을까? '지하철로 즐기

고려인 시장 까스삐딸리 바자르

는 세계 여행' 시리즈를 들고서 부산 문화예술의 거리로 갈까? 그 시선집이나 모음집과 여행 시리즈가 없는 부산에서 여행자들은 무엇을 할까?

부산과 같이 지하철이 4호선이나 있는 광역시에서 적어도 지하철 문화지도쯤은 있어야 되지 않을까?

축제

에게르,
칼라카 밴드의 고성 음악 축제

그해 여름 여행은 오스트리아 비엔나 국제공항에서 버스로 슬로바키아 브라티슬라바(Bratislava)에 가서 헝가리(Hungary)와 루마니아(Rumania)를 둘러보는 약 40일간의 여정으로 짜여졌다. 그 긴 일정으로 여정에 상관없이 불가피하게 머물러야하는 도시도 있기 마련이다.

헝가리 에게르(Eger)가 그 경우인데 부다페스트(Budapest)에서 미슈콜츠(Miskolc)로 가기 위해서 차를 갈아타기 위해서 잠시 머물려하다가 나흘이

에게르 성에서 본 도시의 전경

나 눌러 앉았다.

커피숍에서 환승을 기다리다가 창문에 붙여 있는 포스터 '칼라카 축제 36(Kalaka Festival 36)'에 관해서 물어보자, 여주인은 꼭 보고가기를 바란다고 하면서 저자가 불분명한 '칼라카 – 첫 40년 간'(Kaláka – The First 40 Years)을 건네준다. 책장을 이리저리 넘기면서 10여 년간 부산지역축제에 관련된 일을 했던 나에게 뭔지 모르지만 변방 도시의 축제를 그냥 지나칠 수는 없었다.

그 여주인이 소개한 1층 식당, 2층 잠자리로 되어 있는 숙소에 들어서자마 '아, 이게 뭐지? 속았다.'라는 생각으로 예약을 취소할 겨를도 없이, 노인은 재빠르게 방을 배정하고는 사라진다. 방구석에 배낭을 밀어 놓은 채 숙소의 2층을 둘러보니, 낡은 액자에 '1863~1922'라는 연도와 함께 자필 서명을 한 빛바랜 사진, 화려한 색깔마저 회색으로 바랜 전통의상을 입은 자매의 사진, 낡은 벽시계와 탁자, 수동 커피 분쇄기 등 곳곳에 자리하고 있다.

숙소를 나서 다시 그 커피숍으로 가서는 지도와 팸플릿을 펼쳐 놓고 여정

숙소에 전시된 가문의 내력을 알려주는 사진과 가구들

을 그리자, 그 여주인은 상긋한 웃음으로 가르도니(Geza Gardonyi, 1863년 8월 3일~1922년 10월 30일)의 '초승달의 일식(Eclipse of the Crescent Moon)'도 건넨다. '초승달의 일식'은 에게르 성을 둘러싼 오스만 터키와 전쟁에 관한 역사 소설이며, 그 흔적은 아직도 도시 전역에 그대로 남아 있다고 덧붙인다.

헝가리 민족 마자르족(Magyar)이 세운 오래된 도시, 라틴어 지구(ager)에서, 독일어 '노인의 과수원'(Erlen-au)에서 그 이름이 유래되었다는 도시는 몽골의 침공(1241년), 오스만 터키와의 첫 번째 모하크 전투(Mohacs Battle, 1526년 8월 29일)의 패배와 이슬람의 통치(1596~1687년), 두 번째 전투(1687년 8월 12일)의 승리와 오스트리아 합스부르그가의 지배(Habsburg, 1688~1911년) 등 식민지의 역사로 이어진다.

이슈트반의 동상

에게르 성(The Castle of Eger)은 몽골의 침입(1241년)으로 파괴되었지만 다시 재건되어 터키의 첫 번째 침공(1552년)을 저지했지만 결국 재침공(1596년)으로 함락된 지역의 슬픈 역사를 간직하고 있다. 그 첫 번째 침공에 저항하여 도시를 지킨 이슈트반(Istvan Baron Dobo de Ruszka, 1502~1572년)의 동상, 그 후 재침공의 승전으로 지어진 터키 건축의 가장 오래된 기억으로 남아 있는 미나렛(Minaret), 그 사이 부다페스트 침공(1541년)으로부터 도입되면서 일상생활 속에 자리한 커피의 가게들이 중앙광장에 자리하고 있다.

칼라카 축제에서 공연하는 밴드

광장 곳곳에 바람에 나부끼고 있는 '칼라카 축제 36'을 따라서 성으로 발길을 옮긴다. '함께 일하는 것'을 뜻하는 칼라카는 헝가리 전통 민속음악을 현대음악으로 연주하는 널리 알려진 밴드(1969년 11월 26일 결성)이다. 그 밴드만의 음악연주회가 변방 도시의 고성에서 열리고 있으며, 우연히 들린 그 변방에서 축제에 참여할 수 있다는 것은 일정에 따라서 움직이지 않는 자유로운 여행에서만 얻을 수 있는 행운이다.

부다페스트에서 미슈콜츠로 바로 갔다면 그 행운은 강렬한 안타까움으로 다가서서 것이다. 원래 해외 활동을 중심으로 한 칼라카 밴드는 중동유럽에 민속음악축제가 없음을 고민하다가 미슈콜츠에 있는 중세 성 디오시죄르(Diosgyor)에서 그 첫 번째 연주회(1980년 7월)를 열어 다양한 장르의 음악과 노래시를 대중들에게 알린다. 그러다가 2012년 그 축제의 현장을 에게르 성으로 옮겨 현재까지 축제를 열고 있다.

그 축제가 열리는 성으로 가는 길에 지역민(2016년 기준 약 54,480명) 가족들이 국가와 도시의 문양을 들고 다 모이는 것 같이 붐빈다. 외국 이방인 홀로 그 가족들과 함께 성의 어디라도 자리를 만들어 앉아서 칼라카 밴드를 중심으로 다양한 그룹들의 연주를 즐긴다. 참여자들은 취향에 따라서 성의

축제 기간 동안거리에서 연주를 하는 예술가들

곳곳에 세워진 가설무대 앞을 이리저리 옮겨 다닌다. 연주 음악에 싫증이 나면 성을 굳건히 지킨 장군의 이름을 빌려온 이슈트반 박물관, 전시관, 도서관 등에서 유물과 미술품을 감상하거나 성벽을 거닐면서 산책을 가기도 한다. 그러다가 멀리서 귀에 익거나 자기 취향에 맞은 연주가 들려오면 다시 가설무대로 가기도 한다.

에게르에서의 4일은 나에게 다시금 그 의미를 되새기게 한다.

축제란 유명 연예인들이나 불러서 사람들을 모우거나 강제로 동원하는 일회성의 이벤트가 아니라 지역민들이 자발적으로 참여하여 즐기는 문화소통의 공간이다.

과연 내가 살고 있는 도시의 축제는 어떠한가?

탈린,
꽃 축제와 정원의 도시

북유럽 발트 3국은 1991년 소련으로부터 독립한 국가들을 여행하고자 하는 몇 년 간의 계획이 거의 막바지에 이를 때 찾아간 곳이다.

첫 방문지 에스토니아(Estonia) 수도 탈린(Tallinn), '덴마크(Taani)의 도시

무스메 공원 언덕 위에 있는 키스하는 조각상

(Linn)'에 도착하자마자 여장을 풀고 역사지구(유네스코 세계문화유산 1997년 등재, 2008년 경계조정)로 길을 나선다.

출발지 비루 게이트(Viru Gates)에 이르자 무스메(Musumägi) 공원 언덕과 줄지어 늘어선 꽃가게들이 새롭게 다가온다.

공원 언덕에는 키스하는 조각상이 '나에게 키스하라'(Kiss to Me), '잠시 후 키스하라'(Kiss after Moment)의 이름으로 서 있고, 그 앞에서 키스하는 만큼 길고 행복한 생활을 누린다는 이야기도 들려온다.

꽃가게는 여행자들은 없고 지나가는 시민들로 붐빈다.

남녀노소 할 것 없이 꽃을 가지고 다니는 시민들의 풍경은 서로 만나자마자 꽃을 건네며 인사를 한다는 에스토니아의 아름다운 풍습으로 전해진다.

가죽구두 화분

게이트를 지나서 톰페아(Toompea) 언덕의 성으로 가는 길은, 물론 중세에는 귀족의 길(Pikk Jalg, 긴 다리)과 평민의 길(Luhike Jalg, 짧은 다리)로 구별되었지만, 현재에는 꽃으로 인사하는 풍습만 전해지고 있다.

조그만 가게와 일반

민가의 입구와 창문 곳곳에 깡통이나 플라스틱 통, 유리병과 페트병, 심지어 낡아 다 떨어진 장화와 구두 등에서도 꽃은 화사한 얼굴로 지나가는 사람들에게 색깔 고운 웃음을 보낸다.

꽃의 웃음은 바람결을 따라 탑 광장(Tower's Square)에서 성 밖으로 휘날리다가 축제의 현장에 다시 모습을 드러낸다.

탈린 꽃 축제(Tallinn Flower Festival).

플래카드와 걸개그림이 단출하게 방문객을 맞이한다.

그 옆 가죽 구두, 단화와 장화는 자기 주인을 버리고 꽃의 생명을 지피는 화분으로 방문객을 놀라게 한다.

방문객은 생명의 몸을 감싸고 있다가 칼로 벗겨져서 물기마저 빼앗기고 닳아 헤어진 몸뚱이로 새로운 생명을 키우고 나를 보고 무슨 생각을 할까?

가죽구두 화분은 꽃 축제가 놀고 마시고 떠들어대는 축제가 아니라는 듯, 넌지시 옆으로 눈길을 건넨다.

탈린 꽃 축제에 전시된 정원 디자인

꽃은 자기만 보지 말고 친구들이 어울려서 살고 있는 정원을 보라는 듯 바람결에 몸을 누이며 함께 모여 있다.

정원도 방문객들에게 어느 나라 정원이나 어떤 식이라는 말로 설명하는 대신에 집이나 동네에 조그만 빈터에 자기를 어떻게 디자인하는지를 문패 같은 팻말에 글로 보여주고 있다.

꽃 축제는 꽃의 종류를 되도록 많이 늘어놓는 전시회나 어느 나라, 어느 스타일로 규격화 하여 관람하도록 요구하는 정원 박람회도 아니다.

꽃 축제는 그냥 놀고 있는 빈터에 어떤 꽃으로 어떤 정원을 어떻게 디자인하여 만드는지를 실례로 보여준다.

해마다 주제를 달리 한 꽃 축제는 2009년에서부터 시작되어 2017년의 주제로 '가족 정원'과 '단색 정원'으로 정한다. '가족 정원'은 가족들이 함께 하는 공간이며, '단색 정원'은 서로 다른 종류의 꽃이라도 하나의 색상으로 모아질 수 있듯이 하나로 이루어지는 곳이다.

탈린 꽃 축제에 전시된 정원의 분수와 설치 조각들

정원 가꾸기는 탈린 역사지구(Historic Centre of Tallinn)만큼 오래된 것이다.

13세기 도시가 형성되면서 툼페아 성(Toompea Castle)의 건립과 정원 및 주변 녹지 가꾸기도 함께 시작된다.

그 놀라운 전환이 된 것은 카드리오르그 지역(Kadriorg, 일명 '캐서린의 계곡')이다.

러시아 피터 대제(Peter the Great, 1721년 11월 2일~1725년 2월 8일)는 1724년 캐서린 1세(Catherine I, 1725년 2월 8일~1727년 5월 17일)를 위해서 궁전과 공원을 짓는다.

이후 2006년 카드리오르그 공원 정보센터가 문을 열 때까지 복원과 재건의 과정을 거치고 2008년 탈린역사지구로 편입되면서 유네스코 세계문화유산이 된다.

이어 2009년 탈린 꽃 축제가 개최됨과 동시에 공원 전체가 축제 행사장이 된다.

탑 광장에서 열리는 꽃 축제는 18세기 바로크 양식으로 건축된 궁전, 박물관

탈린 꽃 축제 행사장 광장의 탑

과 예술관, 공원과 정원으로 이루어져 있다. 인민 공원(Rahva Park)의 루이게틱(Luigetiik, 민들레) 인공 호수와 '장미의 언덕'에서, 보통 공원(Regulaarpark)의 연못과 폭포, 화원과 용의자에서, 높은 정원(Ülemine Aed)의 활주로로 설치된 바로크 양식의 정원과 미라지 연못에서, 낮은 정원(Alumine Aed)의 분수대와 조각상들, 숲의 미로에서, 꽃 축제는 펼쳐진다.

탈린 꽃 축제는 에스토니아와 탈린을 검색하면 언제나 따라 붙는 수식어들 '노래하는 민족의 나라', '스카이프(skype, 인터넷을 이용한 음성 통신 기술)의 개발'과 '노래 혁명의 발생지', '세계 10대 스마트 시티(최신 정보통신 기술을 구축하여 도시를 효율적으로 운영하고 시민에게 윤택한 삶을 제공하는 도시)'로부터 자유롭다.

탈린 시내 전경

탈린은 '꽃과 정원의 도시'로, '도시를 꽃과 숲의 정원으로 만들어서 시민들에게 자연의 혜택을 제공하는 스마트 도시'로 새롭게 다가온다.

그런데 우리는 어디쯤 가고 있는가?

해변

길리 군도,
혼과 예술의 자유를 찾아서

길리 군도로 들어가는 롬복 선창가

올 겨울은 몸과 마음이 유난히 추울 것 같다. 해마다 겨울이 되면 지구 온난화로 지난 해 보다 더 매서운 한파가 닥칠 것이라고 어김없이 반복하고 아직도 주말의 밤거리에는 우리를 뒤덮고 있는 어둠의 한파를 걷으려는 촛불이 타오르고 있어 유난히 추운 것 같다.

촛불이 횃불이 되어 장막을 걷고 한파를 내쫓기를 바라면서 단 며칠이라도 '그래도' 겨울 섬으로 여행을 떠나자.

세상에서 가장 아름다운 섬, 그래도
어떤 일이 있더라도
목숨을 끊지 말고 살아야 한다고
(중략)
그래도 라는 섬에서
그래도 부둥켜안고
그래도 손만 놓지 않는다면
언젠가 강을 다 건너 빛의 뗏목에 올라서리라,
어디엔가 근심 걱정 다 내려놓은 평화로운
그래도 거기에서 만날 수 있으리라

- 김승희의 〈그래도 라는 섬이 있다〉 중에서

'세상의 어느 지도에도 알려지지 않은 섬' '그래도'에 가지 못한다면 '지구상에 현존하는 가장 아름다운 섬 베스트 3'(영국 BBC 방송)에 속하는 섬이라도 가보자.

그 섬 길리 군도에 가보자.

길리 군도는 트라왕간, 메노, 에어의 세 섬으로 이루어져 있다. 세 섬에는 현지 거주인 보다는 서구 여행자들인들 훨씬 많고, 아시아인들은 거의 없다. 여행자들의 방문이나 섬의 크기도 트라왕간, 메노, 에어의 순서로 이어지며 섬에서 할 수 있는 것도 스노쿨링, 산책, 멍때리기 밖에 없다. 그 선택은 여행자들의 몫이지만 길리 군도는 결코 하나만을 선택하도록 강요하지 않는다. 길리 군도는 모든 가능성을 열어 놓은 채 기다리고 있다.

길리 트라왕간

길리 트라왕간은 스노쿨링하기에 가장 좋은 곳이다. 더구나 스노쿨링을 안내하는 여행사들도, 다이빙 센터들도, 일광욕과 수영을 즐기게 좋은 해변들도 많다. 스노쿨링하기에 가장 적합한 장소는 섬의 북쪽 선셋 비치 부근이며, 북동쪽에서 북서쪽으로 조류를 타고 가는 것이다. 그 과정에 상어 관찰 포인트에서 블랙 팁 상어를 만날 수도 있다.

여행자들은 바다 속 물길을 타고 다니면서 어디선가 본 적도 없는 열대어들과 함께 노닐거나 이름붙일 수 없는 색깔들이 어울려 숲을 이루고 있다가 물결에 따라 움직이는 듯 움직이지 않는 산호의 정원을 거닐기도 한다.

낮에 지친 몸을 이끌고 밤이 되면 여행자들은 해변 라이브 카페, 해산물 식당이나 야시장으로 가서 충전한다. 동네 우물가 같은 작은 야시장과 그 주위 골목 안에는 난전이 여행자들을 기다리고 있다. 그곳에는 전통 음식 나시고랭(볶음밥), 미고랭(볶음 국수)을 비롯하여 이깐 바까르(생선구이), 사테(생선 꼬치구이) 등도 자기 주인을 찾으려고 역시 전을 벌리고 있다.

밤이 깊어 난전을 거두기 시작하면 여행자들은 오랫동안 바다의 정원을 이루고 있다가 뭍으로 올라와 몸을 묻으려고 하는 산호의 시신을 피해 해안선의 길을 열면서 밤 해변을 산책한다.

길리 메노

길리 메노는 해변을 산책하기에 너무나 좋은 섬이다. 섬은 해변가에 있는 많지 않은 숙소들과 현지인 마을로 이루어져 있는 침묵의 섬이다.

섬에서 여행자들이 할 수 있는 것은 산책뿐 일 것이다. 그 산책의 과정에서 여행자들은 새 공원, 거북이 보호센터, 현지인 마을, 섬 전체를 둘러볼 수이다.

새 공원에서 새장에 갇혀 있는 코뿔새, 앵무새, 바우어 새 등을, 구조센터에서 새 생명을 시작하는 거북이를 바라보면서 그렇게 길을 열어가다가 여행자들은 갑자기 선 채로 혹은 모래사장에 기대어 앉은 채로 저 바다와 하늘을, 서로 수평선을 이루며 맞닿는 곳으로 바라보기도 한다.

그냥 바라보면서

> 푸른 하늘을 제압하는
> 노고지리가 자유로왔다고 부러워하던
> 어느 詩人의 말은 수정되어야 한다.
> (중략)

자유를 위해서
비상하여 본 일이 있는
사람이면 알지
노고지리가
무엇을 보고
노래하는가를
어째서 자유에는
피의 냄새가 섞여있는가를
革命은
왜 고독한 것인가를

- 김수영의 〈푸른 하늘을〉 주에서

되뇌일지도 모른다.

우리에게도 푸르고 맑은 자유의 세상이 올까? 그 세상은 어디에 있을까? 그 세상이 오지 않는다면 우리는 어디로 가야하나? 파라다이스는 어디에 있는가?

길리 에어

길리 에어는 스스로 모든 것을 이루어내는 섬이다. 섬에는 전기는 물론 수도도 없으며, 에어컨이나 팬 선풍기, 샤워 등을 기대하는 것은 사치스러운 일이다. 섬은 문명과 그 사치를 거부하고 자연 그대로 생존하고 있다. 해변에는 해초지대가 길게 이어져 있고 이어서 갑자기 수심이 깊어지면서 산호 지대가 나타난다. 섬에서 할 수 있는 것은 자연은 자연 그대로, 인간은 인간 그대로 있는 것이다. 섬의 여행자들은 홀로이며, 멍때리기를 하는 백팩커들이다.

문명으로부터 저 멀리 길리 군도가 있지만 여전히 세속에 자리 잡고 있다.

트라왕간에 만난 현지인 친구 이쫑(인도네시아 대학교 휴학생)은 이를 빗대어 길리 붐붐(라이브 음악과 여행자들의 소란스러움), 메노를 길리 허니문(연인들의 휴양지), 에어를 길리 마리화나(백팩커들의 무한 자유)라고 한다.

세상을 살아가는 나그네이기에 그래도 우리는 자유의 세상으로 갈 수 있으리라 되뇌면서 길리 군도를 떠난다.

부드바,
중세의 흔적과 현대예술의 교차

부드바 성에서 본 도시의 전경

어느 듯 성탄절이 지나가고 올해 달력의 마지막을 넘기면, 사람들은 '새해에는'라고 하면서 지난 한 해를 반성하고 새로운 결의를 다진다. 그 반성과 결의가 무엇인지는 몰라도, 사람들은 어제보다 나은 오늘, 오늘보다 나은 내일과 같이 '보다 나은' 것으로 향하여 마음을 다지는 것 같다.

곧 들킬지라도 어제의 거짓말 보다 나은(심한) 오늘의 거짓말로 우리 사회를 추위에 떨게 하는 괴물 스핑크스는 그 어원 스핑게인의 뜻처럼 사람들을 교살하고 계속 수수께끼를 낼 것이다.

목소리는 하나인데 네 다리, 두 다리, 세 다리로 되는 것이 무엇인가?

어렸을 때에는 손발 네 다리로 기고, 어른이 되었을 때에는 두 발로 걷고, 늙었을 때에는 지팡이를 짚는 인간인가?

스핑크스의 바위산에서는 손발 네 다리로 엎드리고, 산에서는 두 다리로 내려오고, 마을에 이르러서는 지팡이를 휘두르는 부역자들인가?

그 수수께끼를 푼 오이디푸스는 어디에 있을까?

그리스 신화의 인물 카드모스에 의해 도시로 처음 형성되었다고 하는 몬테네그로 부드바에 그 왕조의 다섯 번째 왕 오이디푸스가 있을까?

부드바는 200km 정도의 아드리아 해안선과 발칸 산맥들의 산악지대 사이에 있는 휴양지이다.

남 슬라브 국가 몬테네그로답게, 휴양객들은 2006년 독립하기 직전까지는 슬라브 민족 러시아인들이었으며, 직후에는 유럽인들이 대부분이었다. 도시는 해변 휴양지와 앞 바다의 섬들, 그리고 구시가로 되어 있다.

해변 휴양지는 현대와 중세의 흔적이 교차하고 있다.

모그렌 비치와 더클리 비치는 사람들로 붐벼서 발 디딜 틈조차 없는 모래사장인 반면, 그레코 비치는 부드바 성에서 5분 정도 걸어가면 나오는 자갈 해변이다.

특히 모그렌과 더클리 해변가에는 쌈지 공원과 일광욕을 즐기는 파라솔, 요트 계류장과 해양스포츠 시설, 음식점과 펍, 바 등이 현대식으로 치장하고 있다.

그 옆을 지나가는 리비에라 해안은 베네치아 공국의 지배(1420~1797년)를

모그렌 비치

받으면서 오스만 터키에 대항한 거점으로서 중세 도시의 흔적을 그대로 지니고 있는 곳이다. 그 흔적은 베네치아 건축양식으로 지어진 가옥들, 교회와 성당 등에 남아 있다.

그 흔적을 좇아가 지중해 쪽으로 국경을 넘어가면 기독교와 이슬람교 간의 충돌 현장인 알바니아의 두러스가 나온다.

부드바는 현재 휴양지이기에 종교 전쟁이란 과거를 썰물에 실어 저 먼 바다로 내보내고 싶을지 모른다. 과거는 결코 사라지지 않고 현재의 시간 속에서 가끔 민낯을 드러낸다.

종교라는 이름을 빌어서 인간은 권력 괴물에게 네 다리가 되기도 하고, 그 부역자들로 두 다리가 되기도 하고, 일반 사람들에게 세 다리가 되기도 한다.

물론 괴물은 바위산을 내려오지 않지만 사람들은 뭍에서만 살지 않는다. 섬에는 사람들이 살기도 하지만 과거와 현재의 시간 속에서는 따로 산다.

스베티 스테판 섬

스베티 스테판 섬은 과거 15세기부터는 꼭대기에 작은 교회를 중심으로 어부들 몇 가족이 살았지만, 독립국가가 된 그 다음 해 2007년부터 섬 전체가 하나의 초호화 호텔로 운영되고 있어 투숙객 이외는 출입을 금하고 있다.

스베티 니콜라 섬은 어부든 권력자든 부자든 어떤 사람도 출입을 허가하지 않고 그저 홀로 있음을 바라보게 하는 무인도이다.

유인도와 무인도를 앞에 띄어 놓은 해변을 이어주는 곳은 구시가지, 부드바 성안 마을이다.

성은 오스만 터키의 침략을 방어하기 위해 지은 것이지만 세월과 지진의 흔적만을 간직하고 있다. 그 흔적들은 낡은 성벽과 그 성벽을 이어주는 돌담길, 곧 허물어질 것 같은 성벽으로 둘러싸인 마을의 가옥들, 그 가옥들을 지나는 좁은 골목길, 그 사이에 있는 레스토랑이나 작은 가게들에 남아 있다. 성의 본부 시타델을 지나서 성으로 들어가면 여기저기 공연포스터가 붙

성 안에서 연주하는 거리예술가

어 있다. 그 공연들은 성의 임시 공연장에서도 하지만 도시 전체에서도 이루어진다.

성 뿐만 아니라 부드바 시내 전체에 가장 많이 걸려 있는 것은 공연포스터이다. 서구와 유럽의 유명 가수와 밴드 등도 이미 공연을 했다고 하며, 연극, 영화, 흑인 음악 소울 등 축제 포스터들과 일반 그룹이나 펍에서 하는 개인 공연포스터도 널리 걸려 있다.

도시로 처음 만들었던 카드모스 왕조의 왕 오이디푸스가 서양연극사의 출발점에 있는 인물인 것 때문일지 몰라도 해변과 구시가지 성채에는 예술 포스터들이 넘쳐난다.

여행자들도 눈이 시리도록 아름다운 바다, 종교 전쟁의 역사를 묻어두고 있는 성채에서 공연에 빠져 들어 예술의 향기를 맡으면 스핑크스의 수수께

성 안 가설무대

끼를 풀지 않아도 살아남을 수 있을까? 그렇지 않을 거야, 괴물은 스스로 사라지지 않는다. 사람의 사람다운 행동이 괴물을 사라지게 할 수 있을 뿐이다.

시아누크빌, 여행자 거리에서 영화를 보다

시아누크빌 도시 전경

올 겨울은 촛불이 골목골목 길을 밝혀주는 계절이다. 촛불은 불어오는 바람에 꺼질 듯 꺼지지 않고 바람결을 따라 살래살래 타오르면서 불꽃이 된다. 그 불꽃이 어둠의 하늘을 밝히면 온 누리는 횃불의 함성으로 뒤덮어진다.

그 함성,

이것이 마지막이라 해도
눈물을 보이진 않겠어.
살아갈 날들 중에 언젠가
다시 만날 날이 반드시 올테니.
그 때까지 기다려 줄래

- 록 그룹 델리스파이스의 노래 〈시아누크빌〉에서

그날을 위하여 횃불의 함성으로 새 봄을 맞이하기 위하여 바람마저 잠들어 '새들도 찾지 않는 끝없는 수평선'으로 가서 잠시 쉬었다가 오자.

시아누크빌로, 캄보디아로 가자.

시아누크빌은 프랑스로부터 독립을 쟁취한 국부 시아누크 왕의 이름을

시아누크빌 해변의 조각품

빌어서 크메르어 콤폼송에서 바뀐 이름이다. 도시의 입구로 들어가면 두 마리의 황금사자상이 여행자들을 맞이하면서 해변으로 안내한다. 해변은 북쪽 끝 빅토리 비치와 남쪽 끝 오트레 비치 사이 거의 10km가 넘는 해안선을 따라서 이어진다.

빅토리 비치가 배낭여행자들이 장기간 머무는 곳으로 근처 섬으로 가는 선착장이라면 오뜨레스 비치는 해양레저시설로 조성되어 가족여행자들이 즐겨 찾는 곳이다.

오츠띠얼 비치가 현지 서민들이 야자수와 함께 4km 정도 길게 늘어선 백사장에서 가족나들이이나 단체행사를 하는 곳이라면, 하와이 비치는 캄보디아 권력자나 부자들이 휴식을 취하려고 오는 아담하고 조용한 곳이다.

세렌디비티 비치가 외국인 관광객들이 즐겨 찾는 곳으로 노천 레스토랑과 카페 등에서 라이브 음악과 칵테일로 밤바다를 즐길 수 있는 곳이라면 인디펜던스 비치는 이 지역에서 가장 오랜 역사를 가지고 있지만 찾는 사람이 거의 없고 여유롭게 일광욕을 즐길 수 있는 곳이다. 소카 비치는 다른 곳과 달리, 같은 이름의 리조트에서 운영하는 사적 휴양지이다.

이 가운은 세렌디비티 비치에서 가장 가까운 곳에 여행자거리가 있다. 거의 100m로 되지 않는 짧은 거리이지만 여행자들을 위한 숙박시설과 음식점, 펍과 노점, 영화관과 마사지가게 등이 골고루 갖추어져 있다.

서너 개가 있는 영화관은 여행자가 직접 영화, 관람시간, 방을 골라서 먹을 사거나 라운지에 있는 책을 골라서 들어간다. 그곳에서는 정해진 시간만큼 영화를 보거나 책을 읽거나 무엇을 해도 상관없다. 그 영화가 디브이디로 상영되기 때문에 운이 좋으면 미개봉작과 그 원작 작품을 함께 볼 수 있다.

2009년 독일에서 2012년 한국에서 개봉된 영화 "스롤란 마이러브"를 2011년에 볼 수 있었던 것도 행운에 속했다. 그 영화는 독일 청년여행객과 캄보

여행자거리의 영화관

디아 여성 간의 사랑을 그린 작품이지만 남녀 간의 사랑이 무엇인지 물어보는 대사는 여전히 아름답다. 그 대사는 세 가지 물음으로 이루어져 있다.

언제 끝이 날지 모르는 동굴 속에 오직 촛불만을 의지 한 채 앞으로 나아가는 당신은 몇 개의 초를 가져 갈 것인가?

동굴을 걷는 동안 발에 무언가 걸린 당신은 뒤를 돌아볼까? 앞으로 나아갈까?

동굴을 빠져나온 당신은 어떤 동물과 마주하게 될까?

영화가 끝나고 나면 그 답을 할 수 있을까?

촛불을 여러 개 가져가서 불을 환하게 밝힐까? 아님 두 개만 가져가서 당신과 나만의 불을 밝힐까?

동굴을 걸어가면서 뒤 돌아볼까? 아님 앞만 보고 걸을까? 걷다가 뒤돌아 보면 사랑하는 당신의 과거를 볼 수 있을까? 과거의 당신이 사랑의 걸림돌이 될까? 그렇지 않을까? 그렇든 말든 사랑은 미래로 나아가는 것일까?

사랑의 고뇌를 앓았던 동굴을 빠져 나오면 당신과 나는 사랑을 계속할 수 있을까? 아니면 당신과 나는 새로운 사랑을 찾아서 갈까?

시아누크 해변은 여행자들이 사랑이 무엇인지에 관한 고뇌를 계속하고 해답을 찾을 수 있는 안식처일까? 그 거리가 끝날 쯤에는 한 평 크기로 되지 않는 가게가 있다. 그 가게에는 대부분 은퇴한 서양 노인들로 보이는 사람들이 컴퓨터 음악 반주에 맞추어서 노래를 부르고 춤을 추면서 왁자지껄 떠들고 있다. 그 가게는 젊은 날의 사랑과 삶, 그 고통의 흔적들이 백발로 빛바래진 서구 노인들의 안식처인 것 같다.

해변 섬으로 가는 선착장

시아누크빌은 여행자들에게 때로는 새로운 삶의 출발지가 되기도 한다. 여행자거리에서 핫도그와 토스트를 파는 독일 친구는 여행으로 와서 바로 삶의 뿌리를 내린지 10년이 훌쩍 지나가버렸다고 했다. 그는 적자생존의 경쟁이 싫어서 아등바등 살지도 않아도 무너진 폐가이든 야자수 그늘이든 비바람을 피할 수 있는 곳도 있고 끼니도 거르지 않고 자유롭게 살아갈 수 있다고 말을 이었다.

자유는 기다린다고 오지 않는다.

자유는 유신 공주와 그 부역자로부터 민주주의를 되찾는데서 시작할 것이다. 촛불이 횃불이 되는 것은 그 시작일 뿐이다.

응아빌리,
해변의 삶과 예술과 자연

석양 속에 서로 기댄 채 걸어가는 노부부의 풍경이 어울리는 해변

벌써 12월이 성큼 다가와 시간의 기슭 속으로 새해가 서서히 스며들기 시작한다. 한 해가 떠나가고 새해가 떠오르는 순간을 맞이하려고 사람들은 늘 그러하듯이 바닷가나 산으로 갈 것이다. 사람들은 어둠의 적막 속에서 결코

촛불도 횃불도 켜지 않고 저 멀리 하늘과 맞닿은 해변이나 산등성이로 시선을 보낼 것이다.

지금 그 순간을 기다리며 도심에서 사람들은 새날이 새도록 도시를 뒤덮은 어둠을 내쫓고자 여럿이 촛불을 밝히고 있는지도 모른다.

어둠이 사라질까 아닐까? 그래도 새해가 오면 겨울 바다를 잠시라도 다녀오자. 더구나

> 누구도 용서할 수 없는 마음일 때
> 바다를 본다.
>
> 누구도 사랑하기 어려운 마음일 때
> 기도가 되지 않는 답답한 때
> 아무도 이해 못 받는
> 혼자임을 느낄 때
> 나는 바다를 본다.
> (중략)
> 사랑이 길게 물 흐르는 바다에
> 나는 모든 사람들을 초대하고 싶다.
>
> \- 이해인 수녀의 시 〈겨울바다〉에서

바다, 겨울 바다로 가자. 눈부시게 푸른 바다, 미얀마 해변 응아빨리로 가자.

미얀마는 내륙국가가 아니다. 불교 유적지들이 내륙에 있을 뿐 미얀마는 벵골만, 마르타반만, 안다만에 걸쳐서 2,000km 정도의 해안선을 가진 연안국가이다. 관광객들은 물론 백팩커들도 거의 미얀마 해변을 찾지 않는다.

미얀마 해변은 현지인 즐겨 찾는 차웅따, 근래 관광 위락지로 개발된 응웨

싸웅, 외지인 노부부들이 장기 휴양을 하는 응아빨리 세 곳이 중심지다.

응아빨리 해변은 세계적인 여행웹사이트에서도 손가락을 꼽는 아름다운 곳이다.

응아빨리로 가서 나도 빨리 '모든 사람을 초대하고 싶다.' 이탈리아의 나폴리와 견주어도 뒤지지 않는 곳이라고 하여 원래 지명 응아빨리를 사람들은 나빨리로 부른다.

해변은 응아빨리 마을에서 게익 타우 마을에 이르기까지 부드럽고 하얗게 빛나는 모래로 이루어진 3km 정도의 해안선을 가지고 있다.

그 해안을 따라 일출 속에서 지난 사람의 흔적을 새롭게 시작하는 발걸음을 옮기는 듯, 일몰 속에서 백발로 받아들인 삶의 곡절을 되새기는 듯 서로 기댄 채 걸어가는 노부부의 풍경이 너무 아름다운 해변.

동양의 나폴리로 불리는 해변

갈바람 결에 향기롭게 퍼져 오는 갯내음에 흠뻑 젖은 몸을 따사로운 햇살로 씻어 내고 작아서 소담한 화랑들을 둘러 볼 수 있는 해변.

예술 갤러리 혹은 꿈 갤러리 등의 이름으로 그림들을 전시하거나 창작 과정을 누구에게나 다 보여주는 열린 공간이 어서 더욱 아름다운 해변.

그 화랑들의 전시회가 소담하여 예술의 향기에 취하고 싶을 때 린따 마을의 예술 창작촌으로 걸어갈 수 있는 해변.

린따 마을의 예술창작촌은 지구 저편에 멀리서 온 외국인 예술가들에게나 애호가들에게 열려 있는 공간이다. 이 창작촌에서 화가는 창작을 하고 방문객은 그 창작 과정을 지켜볼 뿐 서로는 거부하지 않는다. 그러다가 잠시 여유가 생기면 창작과정에 관해서 서로 이야기를 하지만 그 어떤 것도 강요하지 않는다.

린따마을 풍경

응아빨리 마을에서 이웃집 나들이처럼 걸어갈 수 있는 리따 마을은 예술 창작의 고통만큼 서민들의 삶의 체취가 서려 있다. 새벽의 해변, 금방이라도 가라앉을 폐선 같은 어선들이 들어오면 현지인들은 이미 무너져 내린 폐가에서 달려 나와 생선을 다듬고는 얼마인지 모르는 지폐를 받고는 한 줌의 아침 공양을 위해 티없는 웃음을 남기는 다시 집안으로 들어간다.

린따 마을에서 쏭태우를 타고 론따 마을로 가면 현지인의 체취는 더욱더 강렬하게 묻어난다. 론따 마을의 중심지에 재래식 시장에는 없는 것이 없을 만큼 현지 물산으로 가득하다. 세계 어느 곳이라도 다 있는 그 흔하디 흔한 중국제품이 없다니!

그 시장보다도 주변에는 있는 난전에서 현지인이 아니면 먹을 수 없는 식거리가 풍요롭다.

론따 마을의 재래식 시장

미얀마의 대표적인 음식 모힝가(쌀국수), 터민쪼(볶음밥), 째오(돼지 혹은 닭 국밥) 등은 물론 이름 모르는 음식들이 가득하다. 돼지고기 혹은 닭고기 꼬지탕이나 삭힌 홍어나 가오리와 버섯, 야채 등을 버무려서 찜을 한 것 등등 값싸고 양도 많은 먹거리들이 즐비하다. 드물게는 옛날 빙수기, 빙수에 뿌려주는 빨강 노랑 파랑 물감으로 가득 찬 병들을 얹어놓은 좌판도 있다.

론따 마을에서 값싸고 풍요롭게 즐긴 현지식과 흠뻑 들어 마신 서민들의 체취를 뒤 로 하고 쏭태우는 다시 응아빨리 해변을 간다.

응아빨리의 밤 해변에서 초대하지 않아도 별들이 떨어진다. 어둠 속에 촛불을 들지 않아도 별빛이 밤을 밝힌다.

흐바르 섬,
꼬부랑길로 이어지는 예술 난전

12월이 지나가면 갈수록 겨울 추위는 사람들을 에워쌀 것이다. 추위 예보가 청문회에서는 거짓말을 반복하는 습관처럼 오보를 계속하여 대지를 점령하면 사람들은 손에 손을 잡고 골목마다 불씨를 지펴 온 누리를 따뜻하게 감쌀 것이다. 그래도 오보가 계속되면,

세상한테 이기지 못하고
너는 섬으로 가고 싶겠지
한 며칠, 하면서
짐을 꾸려 떠나고 싶겠지
혼자서 훌쩍, 하면서

섬에 한번 가봐라, 그 곳에
(중략)
혼자 한번
섬이 되어 앉아 있어봐라

삶이란 게 뭔가
삶이란 게 뭔가
너는 밤새도록 뜬눈 밝혀야 하리.

- 안도현의 〈섬〉 중에서

그래 섬에 가서 삶이란 무엇인지 생각해보자.

그래 크로아티아의 흐바르 섬으로 가서 '밤새도록 뜬 눈을 밝혀' 보자.

흐바르 섬은 해변 도시 스플리트 및 두브로니크와 아드리아 해에 위치하고 있다. 섬과 그 해변 도시들에는 유네스코 세계 유산지역이 있다.

섬의 스타리그라드 평야 스플리트의 디오클레티아누스 궁전과 역사 건축물 지역, 두브로니크의 옛 시가지가 그렇다. 특히 스타리그라드 평야는 기원전 4세기 고대 그리스인들의 식민지로 세워진 이후 현재까지 토지구획체계가 그대로 보존되어 있지만 경제 발전으로 위협을 받고 있는 전통적 인간 정착지의 사례로 2008년 세계 유산지역으로 지정된다.

스타리그라드와 수쿠라이 항구를 통하여도 가능하지만 여행자들은 대부분 흐바르 타운을 통하여 섬으로 들어간다.

흐바르 타운에는 고급 요트와 리조트, 레스토랑과 카페 등이 널려 있지만

흐바르 선착장에서 본 타운

여행자들을 반겨주는 것은 토산품과 공예품의 난전들이다. 라벤더유로 만든 향수나 화장품, 비누 등이 착한 가격으로 여행자들을 맞을 준비를 하고 있다.

페리에서 여럿이 함께 내린 여행자들은 혼자 '섬이 되어 앉아 있기'도 전에, 라벤더의 꽃말 '정절, 풍부한 향기, 기대, 대답해주세요'처럼 삶이란 무엇인지에 대한 물음에만 매달리지도, 그 대답을 깨칠 것이라고 기대하지도 않을 것이다. 여행자들은 풍부한 향내를 온몸으로 받아들이면서 라벤더 꽃에게 삶이 뭔지 '대답해주세요'라고 요구하지도 않을 것이다.

오히려 여행자들은 향기 속에 숨어 있는 레이스 공예품에 눈길을 멈추지 않을 것이다. 레이스 공예는 섬의 베네딕트회 수녀들이 알로에 잎에서 추출한 실로 처음 만든 기하학적 무늬의 레이스로서 유네스코 세계 무형유산이다.

레이스 공예품들 커튼이나 식탁보, 레이스 옷 등을 보면서 여행자들은 삶이 무엇인지 스스로에게 묻기도 전 뭍에 있는 세상사의 치장을 먼저 꾸밀

스테판 성당 광장

상상을 할지도 모른다.

난전을 둘러본 여행자들은 바다를 등지고 광장에 들어서면 성 스테판 성당을 마주한다. 성 스테판 광장은 순백색 몸에 검은색의 얼룩점이 아름답게 배치되어 있는 개, 달마티안의 기원이 되는 달마티아 지방에서 가장 크고 오래된 광장이다. 성 스테판 성당은 6세기경 교회로 건축된 이후 베네딕트회의 수녀원으로 바뀌었지만 오스만 투르크제국의 침략으로 파괴된 것을 16,7세기에 걸쳐 달마티아 르네상스 양식으로 재건축된 성당이다.

그 광장의 성당으로 들어가서 기독교 역사상 최초의 부제이자 순교자인 성 스테판에게 기도드리면 여행자들은 삶이 뭔지를 깨칠까? 아니면 베네딕트회의 모토처럼, 그 성인을 모시고 있는 수녀들이 삶이란 평화이며 일하고 기도하는 것이라고 말해줄까?

향기로운 바닷바람이 온몸을 스치고 소나무, 선인장, 라벤더 꽃도 서로 뒤섞여 있는
흐바르 요새로 올라가는 골목길

다시 광장으로 나와서 그 대답을 들으러 산으로 올라가자. 광장에서 성당을 바라보면서 왼쪽 길로 천천히 올라 가보자. 그 입구는 작고 좁은 골목이다. 그 골목길을 따라가서 때로는 오르막길로, 때로는 계단으로 올라가면 향기로운 바다 바람도 온몸을 스친다. 그러다가 소나무, 선인장, 라벤더 꽃들이 서로 자유롭게 뒤섞여 있다.

골목길을 올라갈수록 여행자들은 흐바루 타운의 전통가옥들을, 하늘보다 푸른 바다가 더 푸르게 열어주는 지평선을, 그 바다에 떠도는 요트들, 섬을 둘러싸고 있는 작은 섬들 브라치 섬, 코르출라 섬, 비스 섬을 내려다본다.

드디어 해안선이 거의 70km가 되는 아드리아 해상에서 가장 긴 섬의 정상 흐바르 요새 혹은 베네치안 요새, 혹은 스페인 요새가 나타난다.

성채에서 내려다 본 브라치 섬, 코르출라 섬, 비스 섬

좁은 골목을 지나서 다다른 요새. 아드리아 해에서 요새로 불어오는 겨울 바람은 때로는 머리칼을 어지러이 흩날리는 북동풍으로 때로는 뺨을 부드럽게 스쳐지나가는 남동풍으로 날아간다.

그 바람은 섬을 지배한 나라가 여러 번 바뀌었음을, 밤의 어둠을 뚫고 길을 열어오는 적의 함대도 알려주지 않는다. 그 바람은 여행자들에게 섬을 둘러싼 제해권 분쟁을, 가톨릭을 믿는 크로아티아와 정교를 믿는 다른 남슬라브국가들 간의 다툼을 알려주지 않는다.

바람은 바람의 길을 갈 뿐 여정의 재촉하지 않는다.

여행자는 꼬부랑길로 이어진 해안선을 따라서 섬들이 나란히 떠 있는 바다를 바라보면서 다시 길을 재촉한다. 여행자가 그 좁은 골목길로 들어서면 열려 있는 바다로 갈 것이다. 그 길은 대양으로 나아가는 좁은 문이며 여행자들은 그 문을 통하여 육지로 간다.

섬에서 육지로 떠나가지만, 바다는 여행자에게 삶이 무엇인지를 결국 가르쳐 주 않는다.

오래된 미래도시

초판 인쇄 2019년 2월 25일
초판 발행 2019년 2월 28일

저　　자 민 병 욱

발 행 인 전 호 환
펴 낸 곳 부산대학교 출판부
주소 – 부산광역시 금정구 장전동 부산대학로 98
전화 – (051) 510 – 1932~3
전송 – (051) 512 – 7812
등록 – 제카 11-2 1992. 9. 10.

* 잘못된 책은 구입한 서점에서 교환해 드립니다.

정가 20,000원

ISBN 978-89-7316-611-4 93800

이 도서의 국립중앙도서관 출판예정도서목록(CIP)은
서지정보유통지원시스템 홈페이지(http://seoji.nl.go.kr)와
국가자료공동목록시스템(http://www.nl.go.kr/kolisnet)에서 이용하실 수 있습니다.
(CIP제어번호: 2019004382)